W0053220

MARITA KARLSON
FOTOS STEPHANIE BJELKSTAM

Sunshine Kitchen

**SEXY,
SPORTY,
HEALTHY**

·

*70 Rezepte
aus
Kalifornien*

CHRISTIAN

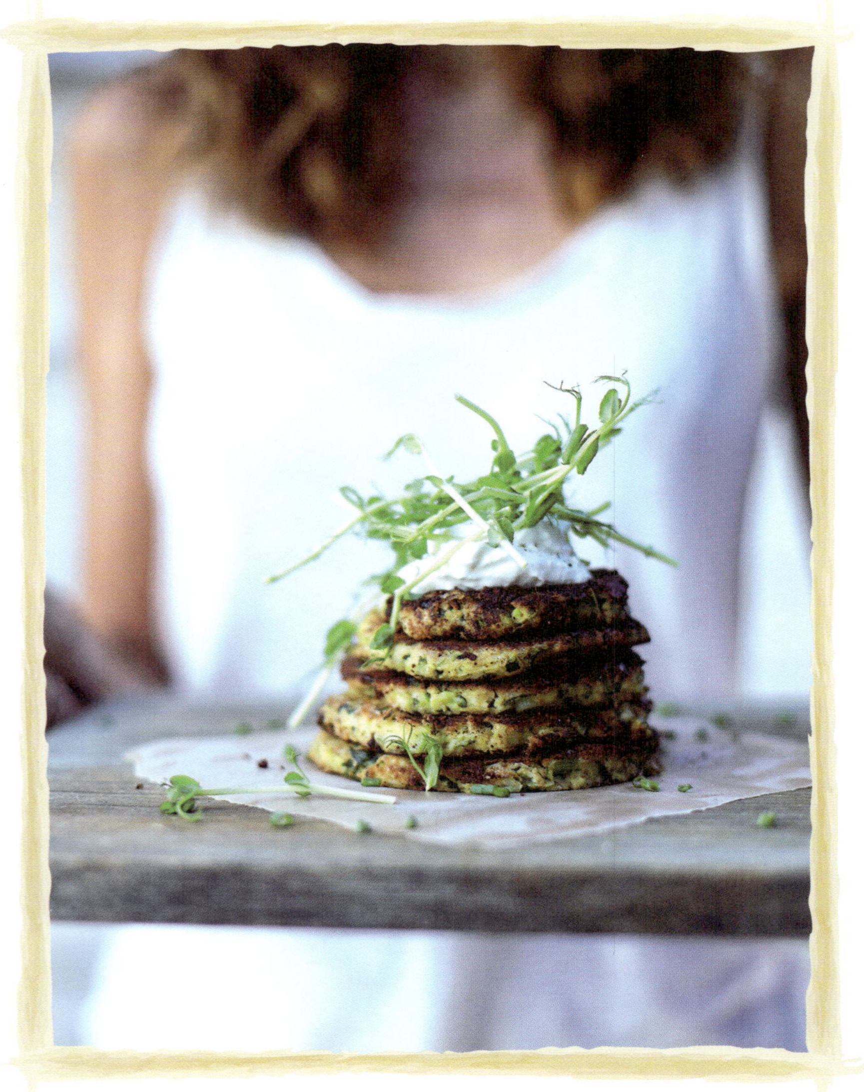

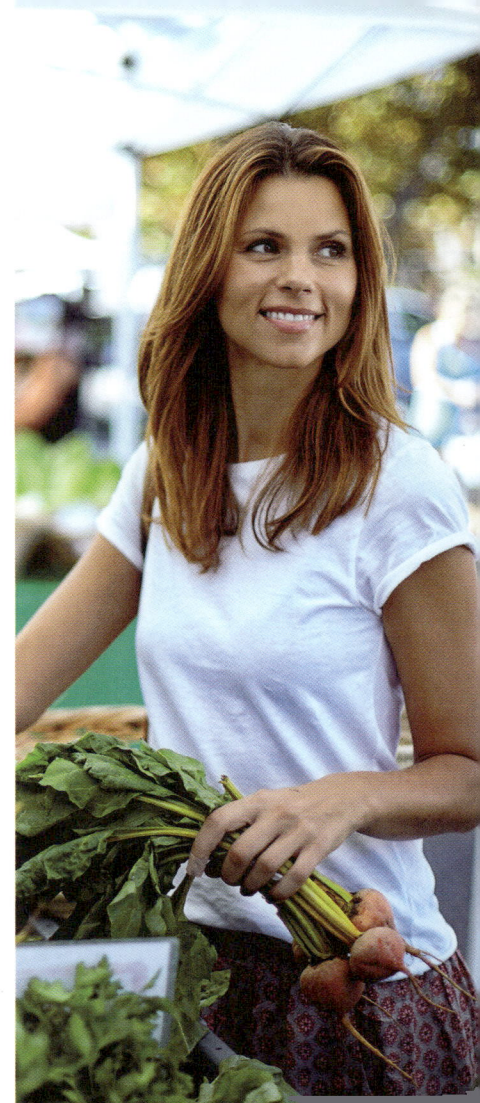

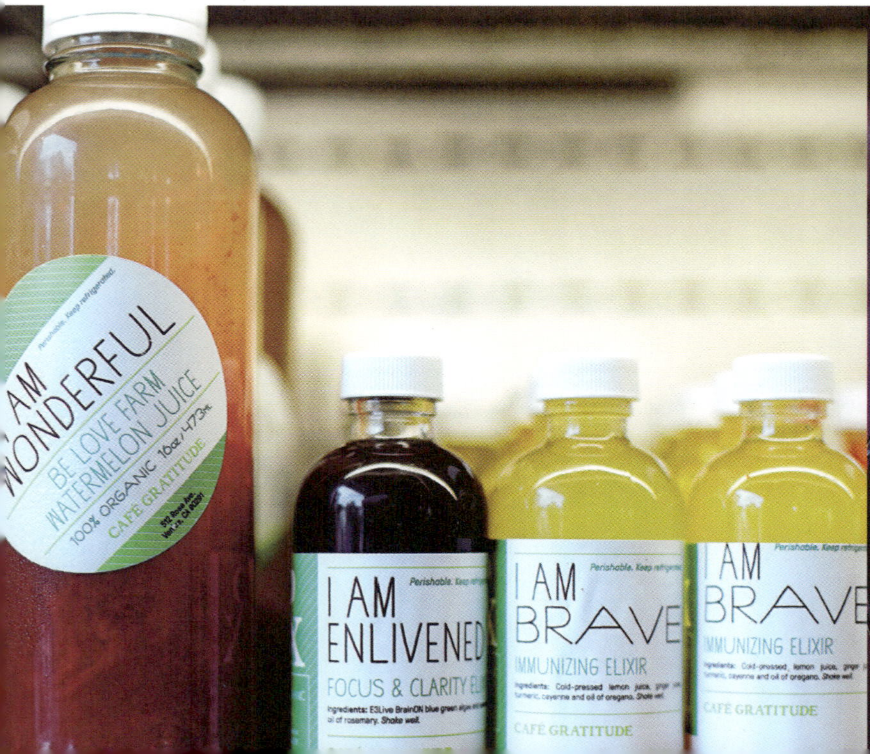

Perishable. Keep refrigerated.
I AM WONDERFUL
BE LOVE FARM WATERMELON JUICE
100% ORGANIC 16oz/473ml
CAFÉ GRATITUDE
I AM ENLIVENED
Perishable.
FOCUS & CLARITY
Ingredients: E3Live BrainON blue green
oil of rosemary. Shake well.
I AM BRAVE
Perishable.
IMMUNIZING ELIXIR
Ingredients: Cold-pressed lemon juice,
turmeric, cayenne and oil of oregano. Shake well.
CAFÉ GRATITUDE
I AM BRAVE
IMMUNIZING ELIXIR
Ingredients: Cold-pressed lemon juice,
turmeric, cayenne and oil of oregano. Shake well.
CAFÉ GRATITUDE

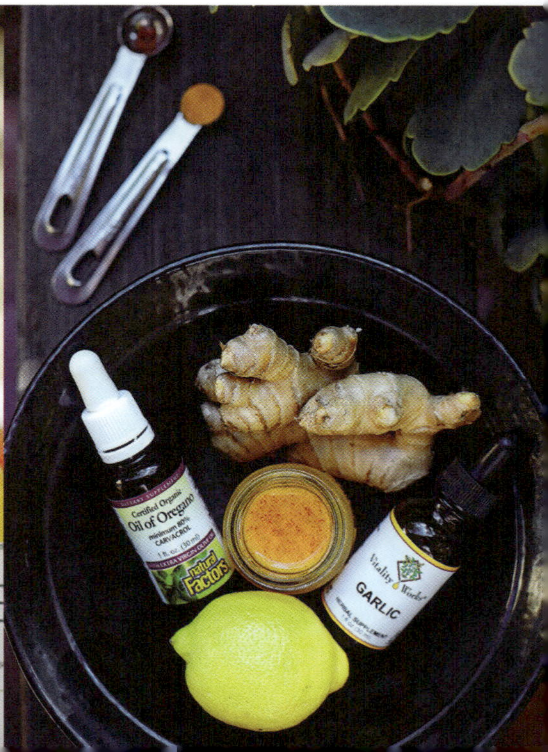

Certified Organic
Oil of Oregano
minimum 80% CARVACROL
natural Factors
Vitality Works
GARLIC

Inhalt

Vorwort

Dieses Buch habe ich für alle geschrieben, die sich für die gesunde und genussvolle Küche Kaliforniens interessieren. Ich will Ihnen hier einige interessante Menschen vorstellen, die uns ihre besten Rezepte verraten und uns zeigen, was man aus frisch geernteten biologischen Zutaten, herrlich geschmacksintensiv und randvoll mit Nährstoffen, alles machen kann.

Bio-Zutaten sind für mich heute mehr denn je ein Muss. Ich bin sicher, dass die Bio-Bauern die Superhelden von morgen sind. Außerdem ist es mir wichtig, möglichst viel aus der Region zu beziehen. Leider büßen Obst und Gemüse schon kurz nach der Ernte viel von ihrem Nährwert und Geschmack ein. Beim Kauf regionaler Produkte bekommen wir bessere Qualität mit kürzeren Transportwegen vom Acker zum Tisch. So weit wie möglich auf lokal Angebautes zurückzugreifen, sorgt gleichzeitig dafür, dass wir saisonale Produkte essen. Dadurch variiert unsere Ernährung mit den Jahreszeiten. Das soll aber nicht heißen, dass man seine Einkaufsliste nur mit Regionalem bestücken und nur noch auf dem Bauernmarkt einkaufen darf. Doch wenn man schon mal einen besucht, lohnt es sich, in allem zu schwelgen, was uns die Natur gerade bietet. Auf diese Art nutzen wir das Angebot und profitieren von der saisonalen Vielfalt.

In Kalifornien arbeiten mehr und mehr Bauern mit Kleinunternehmern zusammen, die sogenannte *farm boxes* an Abonnenten liefern. Diese Bio-Kisten sind randvoll mit den leckersten Produkten der Saison. Solche Angebote gibt es inzwischen fast überall. Außer sorgfältig ausgewähltem Gemüse und Obst enthält die Lieferung oft auch Eier von frei laufenden Hühnern und frisch gebackenes Brot.

Einige Rezepte in diesem Buch verdanken ihre Entstehung tatsächlich den Zutaten, die mir durch die Gemüsekiste der Woche in die Finger gerieten. Ich erinnere mich da speziell an einen Nachmittag, an dem ich die Küchentür bereits geschlossen und meine Fotografin Stephanie ihr letztes Bild geschossen hatte, als eine Kiste auf der Treppe landete. Als ich sie öffnete, fand ich darin Mangold, groß wie ein Baum, mit Stielen, die im Dunkeln leuchteten, zarten Rotkohl und kleine Radieschen – perfekt für einen Detox-Salat. Und sofort war klar, dass wir doch noch weitermachen mussten, denn so gut und knackig würde das alles am nächsten Tag nicht mehr sein.

Jetzt wissen Sie ungefähr, wie die Arbeit an diesem Buch ausgesehen hat – wir haben vieles einfach auf uns zukommen lassen.

Die Gastrezepte stammen fast alle aus meinen Lieblingslokalen im Süden Kaliforniens. Sie stellen die natürlichen Zutaten in den Vordergrund, ohne die es kein gesundes Essen gibt.

Am allerwichtigsten aber ist es, jede Mahlzeit mit viel Liebe zuzubereiten. Denn auch gesundes Essen soll ja Genuss bereiten.

Alles Gute,
Marita

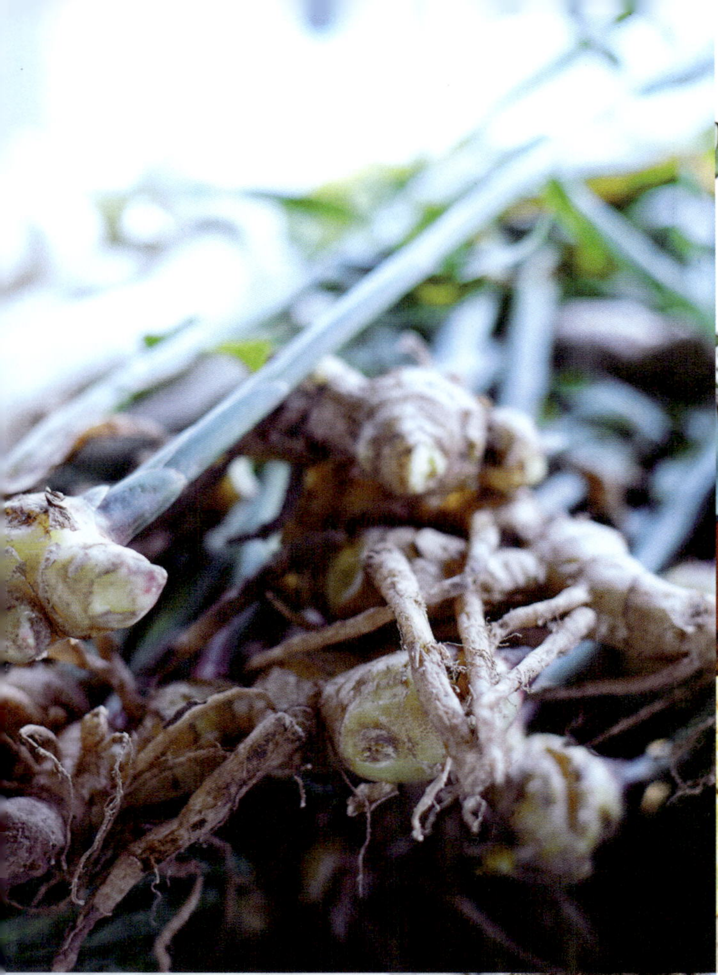

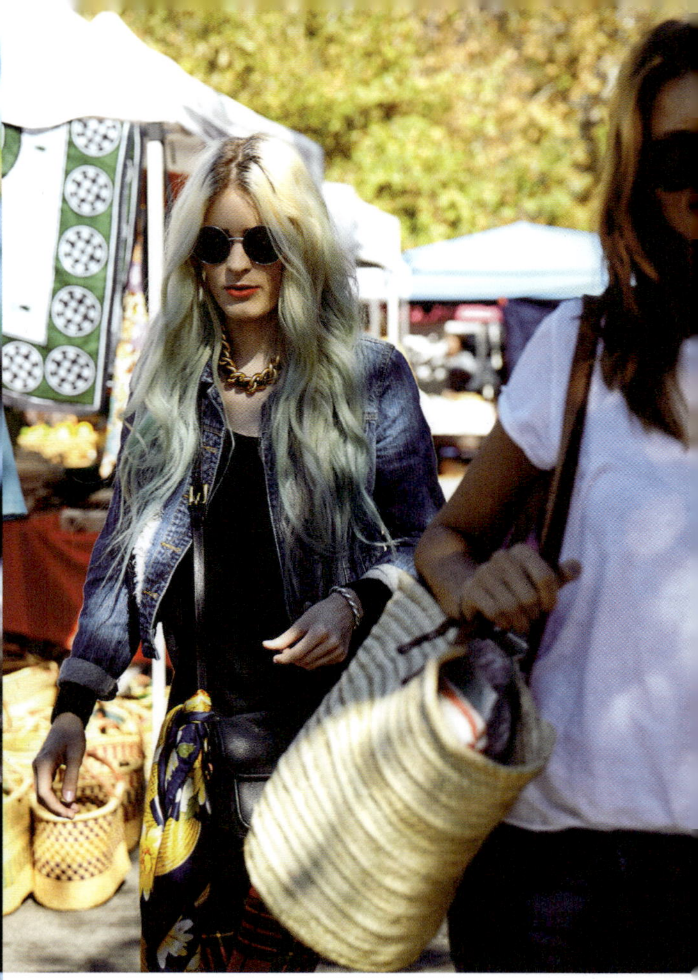

Not Your Ordinary Nut!
PISTACHIO BODY BAR
$6
PISTACHIO

Farm
FRESH VEGETABLES

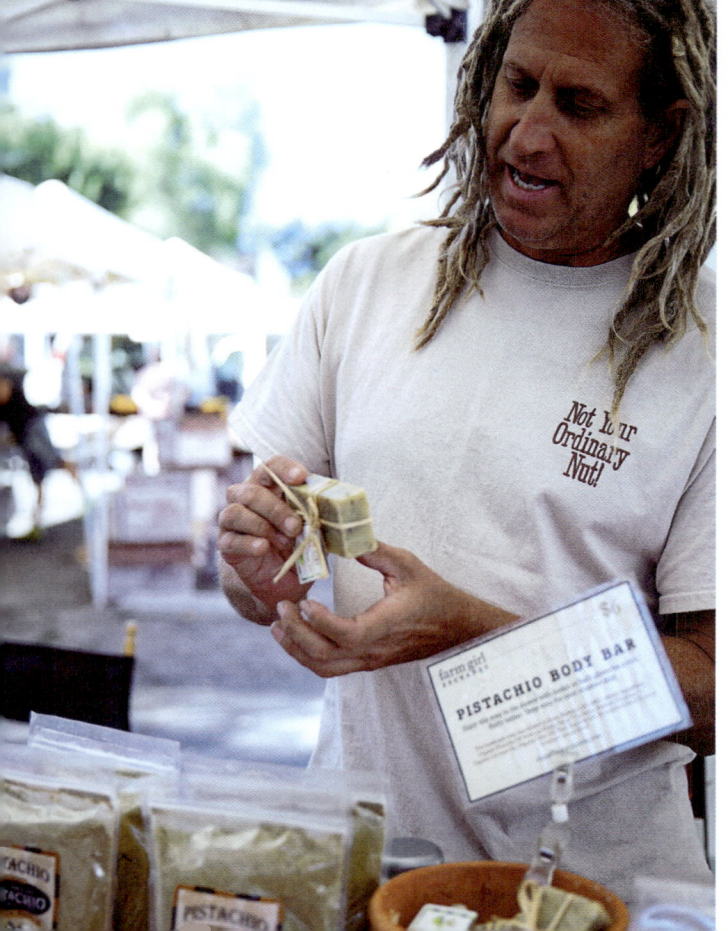

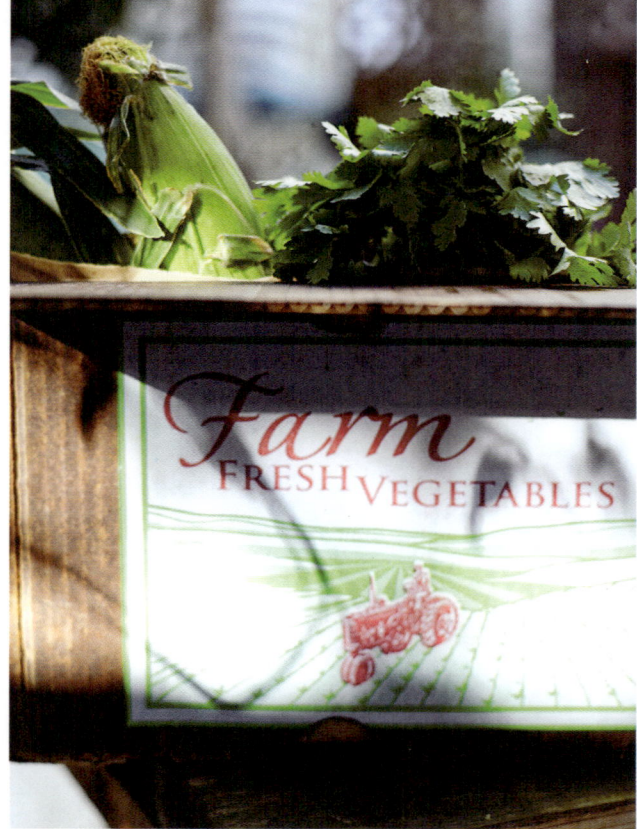

Gesund leben in LA

Anfang der 1960er-Jahre schoss ein Mitarbeiter des *Life Magazine* ein Foto von einigen jungen Wilden aus Beverly Hills. Sie surften am Strand von Malibu und wurden die Stars eines sieben Seiten langen Artikels: »The Mad, Happy Surfers: A Way of Life on the Watertops«. Damit tauchte Malibu auf der Landkarte auf und das Surferparadies kam ordentlich in Fahrt. Die berühmte kalifornische Strandkultur war geboren. Die Beach Boys haben sie mit ihrem Song »Surfin'« unsterblich gemacht.

Es war diese Lebensart, die auch mich bewogen hat, nach Kalifornien zu gehen. Man fühlt sich hier einfach frei und glücklich – auf der einen Seite das Meer, auf der anderen die Berge. Und nicht zu vergessen: LA ist umgeben von landwirtschaftlich genutzten Flächen, die uns dank Sonne und angenehmer Temperaturen das ganze Jahr mit frischen Zutaten versorgen.

Die Stadt war schon immer progressiv und kreative Menschen aus der ganzen Welt strömen hierher. Sie suchen nach neuen Wegen für ein gutes Leben und entwickeln innovative Ernährungs- und Fitnesstrends. Die Restaurantszene wächst unablässig und man versucht einen gesundheitsbewussten Lebensstil zu verwirklichen bei allem, was man tut. Es gibt keinerlei Angst vor Extravaganz, Restaurants spezialisieren sich und nehmen die Wünsche der Gäste in die Speisekarte auf. Die wünschen sich zum Beispiel, dass ihr Essen vom Bauernhof kommen soll und *farm to table* klingt für die meisten nicht nur gut, sondern auch lecker.

Dieses grüne Bewusstsein erkennt man überall – von den Wolkenkratzern in Koreatown, wo ein Restaurant, das einem Gewächshaus nachempfunden ist, nur pflanzliche Kost auf den Tisch bringt, quer durch die Stadt bis zu den Hügelketten des Topanga Canyons.

Aber das südliche Kalifornien besteht nicht nur aus Los Angeles. Wenn man die weitläufige Stadt verlässt, findet man viele schöne Orte. Hier liegen die meisten Ranches und Höfe, genauso wie Fischerdörfer, Surferparadiese und nicht zu vergessen Weinberge, so weit das Auge reicht. Ojai ist so eine kleine Perle – ein Bergdorf, das ich sonntags manchmal besuche, nur um den tollen Bauernmarkt dort zu plündern, etwas Obst aus den Zitrushainen zu mopsen und ein bisschen die Hippiekultur zu genießen. Es ist die Vielfalt, die mir am Süden Kaliforniens so gut gefällt. Ich finde es inspirierend, in einer Stadt zu leben, in der fast alles möglich ist und in der man sagen darf, was man denkt. Und außerdem fühlt es sich natürlich auch nicht ganz schlecht an, so nah am Pazifischen Ozean zu leben.

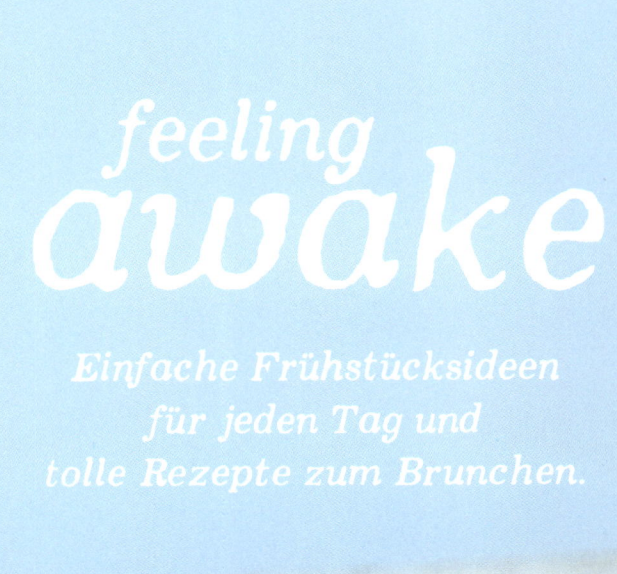

feeling
awake

Einfache Frühstücksideen
für jeden Tag und
tolle Rezepte zum Brunchen.

Gebackene Quinoa

Hier wird Quinoa mit Apfel, Zimt und Vanille in Kokosmilch im Ofen gebacken – das verbreitet einen unwiderstehlichen Duft in der Küche. Für ein langes Wochenende, wenn man viel Zeit hat.

FÜR 1–2 PORTIONEN
85 g Quinoa
1 Apfel
200 ml Kokosmilch +
etwa 200 ml zum Servieren
½ TL Zimt (nach Geschmack auch mehr)
½ TL Vanilleextrakt
1 Prise Meersalz
65 g gehackte Pistazien
Honig
Kokos- oder Olivenöl für die Form

Den Backofen auf 175 °C vorheizen. Eine kleine ofenfeste Form mit etwas Öl ausfetten. Die Quinoa abspülen. Den Apfel entkernen und in Stücke schneiden.

Quinoa, Apfel, Kokosmilch, Zimt, Vanilleextrakt und Salz mit 100 ml Wasser in einer großen Schüssel mischen und dann in die Form füllen. 40–50 Minuten im Ofen backen, bis die Quinoakörner gar sind. Ab und zu umrühren und weitere 50 ml Kokosmilch zugeben, falls nötig.

Die Quinoa etwas abkühlen lassen und in einer Schüssel mit Kokosmilch servieren (auch Nussmilch schmeckt gut dazu). Mit den gehackten Pistazien, Ihrem Lieblingshonig und nach Belieben etwas zusätzlichem Zimt garnieren.

Sterne-Granola

Es gibt viele Rezepte für Granola, aber natürlich kann man sich auch auf die Zutaten beschränken, die man am liebsten mag oder gerade zu Hause hat. Diese Mischung schmeckt dank Sternanis leicht nach Lakritz.

FÜR ETWA 500 GRAMM
**160 g Buchweizen
(ganze Körner)**
65 g Haselnüsse, grob gehackt
120 g Haferflocken
60 g geschälte Hanfsamen
40 g Leinsamenschrot
**35 g getrocknete Blaubeeren
(nach Belieben, macht das
Granola etwas süßer)**
50 ml flüssiger Honig
50 ml zerlassenes Kokosöl
35 g getrocknete Maulbeeren
30 g Kokoschips
**1 EL gemahlener Sternanis
(nach Geschmack auch mehr)**
Meersalz

Den Buchweizen über Nacht in Wasser einweichen. Abspülen, abtropfen und trocknen lassen.

Den Backofen auf 150 °C vorheizen. Alle trockenen Zutaten, außer Maulbeeren, Kokoschips und Sternanis, in einer großen Schüssel mischen. Den Honig und das Kokosöl dazugeben und alles gut verrühren.

Ein Backblech mit Backpapier auslegen und mit etwas Olivenöl besprenkeln. Das Granola gleichmäßig auf dem Blech verteilen und 20–40 Minuten backen, bis es goldbraun ist. Ab und zu umrühren.

Vollständig abkühlen lassen, dann Maulbeeren, Kokoschips und Sternanis untermischen. Mit etwas Meersalz abschmecken und in ein großes Glas füllen. Das Granola hält sich mehrere Wochen. Mit Joghurt und frischen Beeren servieren.

Tipp: Für ein »Rawnola« die Masse nur bei 42 °C backen, dafür aber doppelt so lange.

Schoko-Acai-Bowl

Acai-Beeren aus Brasilien sind das reinste Superfood und stecken voller Antioxidantien. Im Handel gibt es das tiefgekühlte Fruchtmark oder ein gefriergetrocknetes Pulver, das mit Wasser angerührt wird. Ein Frühstück, das Energie liefert, die lange hält.

FÜR 1 PORTION
200 g gefrorenes Acai-Püree
½ Banane
1 EL reines Kakaopulver

Topping:
50 g Granola (siehe Seite 13)
1 EL Mandelmus
1 EL Kokoschips
1 EL Kakao-Nibs
1 EL Macadamiakerne

Das Acai-Päckchen kurz unter fließendes warmes Wasser halten. Das Päckchen öffnen und das Püree in den Mixer geben. Banane und Kakaopulver hinzufügen, alles glatt pürieren.

Die Creme in eine Schale geben und mit Granola, Mandelmus, Kokoschips, Kakao-Nibs und Macadamias garnieren.

Rosa Haselnuss-Shake

Eine kühle Leckerei für einen warmen Sommermorgen. Haselnüsse und Erdbeeren passen perfekt zusammen.

FÜR 1 GLAS À 400 ML
125 g gefrorene Erdbeeren
3 EL Haselnussmus
300 ml Haselnussmilch
2 EL Proteinpulver mit Vanillegeschmack

Sämtliche Zutaten in den Mixer füllen und auf höchster Stufe zu einem glatten, samtigen Shake pürieren.

Beeriger Buchweizen

Nicht nur für Raw-Food-Fans:
Buchweizen mit Himbeersauce
ist gut für den Körper und für die
Geschmacksnerven ein Genuss.

FÜR 2 PORTIONEN
130 g Buchweizen
80 g Mandeln
3 Äpfel oder Birnen
100 ml Mandelmilch
Zimt
Kardamom

Himbeersauce:
160 g Himbeeren
2 Datteln, entkernt

Topping:
Kokoschips
Himbeeren

Den Buchweizen und die Mandeln mindestens 5 Stunden oder über Nacht einweichen. Danach gründlich abspülen.

Die Äpfel oder Birnen entkernen und in Stücke schneiden. Mit dem Buchweizen, den Mandeln und der Mandelmilch in den Mixer geben und glatt pürieren. Mit Zimt und Kardamom abschmecken.

Für die Himbeersauce die Himbeeren und die Datteln im Mixer pürieren. (Man kann auch gut gleich die doppelte Menge Sauce zubereiten. Sie hält sich im Kühlschrank 1–2 Tage.)

Den Buchweizen in zwei große Gläser füllen und mit der Himbeersauce, den Kokoschips und einigen weiteren Himbeeren garnieren.

Am Strand in Malibu

27 miles of scenic beauty steht auf den Schildern rund um Malibu. Es bedeutet, dass die nächsten 40 Kilometer auf der einen Seite vom Glitzern des Pazifischen Ozeans und auf der anderen von geschwungenen Hügeln gesäumt sind, die das kleine Surferparadies einfassen. Hier reiht sich ein schöner Strand an den anderen. Am Carbon Beach kann man auf dem Pier ganz weit hinausspazieren. Und nachdem ich dort leckeres Bio-Food zu mir genommen habe, gehe ich weiter Richtung Malibu Colony, einem weiteren privaten Strand mit schnuckligen Villen. Nach so einem Spaziergang hat man schon ungefähr 10 Kilometer *scenic beauty* bewältigt.

Avocadotoast

Eine Inspiration aus meinem Lieblingslokal in Venice. Ganz einfach und unglaublich lecker, perfekt für einen Brunch am Wochenende. Ganz wichtig: ein gutes Sauerteig- oder selbst gebackenes Brot.

FÜR 2–3 PORTIONEN
4 Avocados
1 kleine Fenchelknolle
1 große grüne Tomate
(oder 2 kleinere)
1 Handvoll Rucola
2 Scheiben Brot
Zitronensaft
Olivenöl
Meersalz
Chiliflocken
schwarzer Pfeffer

Den Backofen auf 170 °C vorheizen. Die Avocados schälen und entkernen, dann mit einigen Spritzern Zitronensaft sowie einer Prise Meersalz in einer Schüssel zerdrücken. Das Avocadopüree sollte *chunky* sein, also leicht stückig. Zur Seite stellen.

Den Fenchel in dünne Scheiben schneiden, am besten mit einem Gemüsehobel. Die Tomaten in dickere Scheiben schneiden.

Den Rucola in eine Schüssel geben, mit Zitronensaft, Olivenöl und etwas Meersalz mischen.

Das Brot im Backofen goldbraun rösten. Auf ein Brettchen legen. Zuerst das Avocadopüree auf die Brotscheiben streichen und mit Chiliflocken bestreuen. Darauf die Tomatenscheiben und die Rucolablätter verteilen, zum Schluss den Fenchel dazugeben. Mit Zitronensaft beträufeln und mit Salz und schwarzem Pfeffer würzen.

Die Brotscheiben in 10 Zentimeter große Stücke schneiden und sofort servieren. Dazu schmeckt ein frisch gepresster Saft.

Zucchiniküchlein

Eine gute Möglichkeit, um notorischen Fleischessern etwas Grünes unterzumogeln. Die herzhaften Zucchini- küchlein eignen sich für ein gehaltvolles Frühstück, als Vorspeise oder auch als leichte kleine Mahlzeit.

**FÜR 4–6 ZUCCHINI-
KÜCHLEIN**
2 Zucchini
2 Eier
2 EL Kokosmehl
2 Frühlingszwiebeln, gehackt
2 EL geriebener Parmesan
oder Pecorino
1 TL Zitronensaft
abgeriebene Schale von 1 unbehandelten Zitrone
Meersalz und schwarzer Pfeffer
Kokosöl, Olivenöl oder Butter
zum Braten

Zitronenjoghurt:
50 ml griechischer Joghurt
1 EL Zitronensaft
Meersalz und schwarzer Pfeffer

Topping:
Schnittlauch
Sprossen nach Wahl

Für den Zitronenjoghurt den Joghurt mit Zitronensaft, Meersalz und schwarzem Pfeffer verrühren, kühl stellen.

Die Zucchini reiben, die gesamte Flüssigkeit heraus-pressen. Das geht am besten mit einem Küchentuch oder einem Beutel, wie man ihn für Nussmilch verwendet. Die Zucchinimasse soll richtig trocken werden. In eine Schüssel geben, die Eier, das Kokosmehl, die Frühlings-zwiebeln, den Käse, Zitronensaft und -schale, eine Prise Meersalz und schwarzen Pfeffer untermischen.

Das Bratfett in einer Pfanne bei mittlerer Temperatur er-hitzen. Aus dem Teig Küchlein formen und in die Pfanne geben. 3–5 Minuten braten, dann wenden und die andere Seite braten, bis die Küchlein goldbraun und knusprig sind. Auf einem Gitter abkühlen lassen. Mit Zitronen-joghurt, Schnittlauchröllchen und Sprossen garnieren.

Beeren-Scones

Ich liebe Scones und finde, sie gehören zu jedem Brunch dazu. Meine glutenfreien Sonntags-Scones mit Beeren, Kardamom und Vanille backe ich mit Reismehl und Haferflocken. Greifen Sie zu!

FÜR ETWA 8 SCONES
240 g Reismehl
90 g Haferflocken
1 EL Backpulver
2 TL Kardamom
1 TL Meersalz
2 Eier oder 2 Chia-Eier
(Rezept siehe unten)
200 ml Mandelmilch
1 TL Vanilleextrakt
2 EL Honig
100 ml + 2 EL zerlassenes
Kokosöl
80 g gemischte Beeren

Chia-Marmelade:
125 g Himbeeren
3 EL Chia-Samen
1–2 EL Honig
1 ml Vanilleextrakt

Chia-Ei:
1 EL Chia-Samen
(oder Leinsamenschrot)

Den Backofen auf 180 °C vorheizen.

Um ein Chia-Ei herzustellen, verrührt man die Chia-Samen in einem Glas mit 3 EL Wasser. 15 Minuten kühl stellen. Damit kann man im Rezept 1 Ei ersetzen.

Für die Chia-Marmelade alle Zutaten mit 50 ml Wasser mischen und im Kühlschrank 20 Minuten quellen lassen.

Das Reismehl, die Haferflocken, das Backpulver, den Kardamom und das Salz in einer Schüssel mischen. Die Eier (normale oder Chia-Eier) mit der Milch in einer weiteren, größeren Schüssel verquirlen. Die Mehlmischung dazugeben, Vanilleextrakt, Honig und Kokosöl unterrühren. Vorsichtig die Beeren unterheben.

Den Teig löffelweise auf ein mit Backpapier ausgelegtes Blech setzen. 25–40 Minuten backen, bis die Scones goldbraun sind. Auf einem Rost abkühlen lassen. Die Scones pur oder mit etwas Chia-Marmelade genießen.

White Lemon Curd

Zitronencreme gehört zu den Klassikern in
einem amerikanischen Haushalt. Ich habe mich
für eine gesunde Version entschieden, die sehr
lecker zu Keksen schmeckt und warum nicht
auch zu frisch gebackenen Scones? Sie hält sich
im Kühlschrank eine Woche.

FÜR 1 KLEINES GLAS
120 g Cashewkerne
50 g Kokosnuss-Butter
200 ml Zitronensaft
(von etwa 5 Zitronen)
2 ½ EL Ahornsirup
abgeriebene Schale von 1 unbe-
handelten Zitrone
Meersalz

Die Cashewkerne 6 Stunden wässern.
Gründlich abspülen, dann in den Mixer
geben. Die restlichen Zutaten sowie 4 EL
frisches Wasser hinzufügen, auf höchster Stufe pürieren, bis eine samtig glatte
Masse ohne Klümpchen entstanden ist.
Mit etwas Meersalz abschmecken und
mit etwas frisch abgeriebener Zitronenschale garnieren.

Malibu Farm at the Pier

MALIBU

Hier stehen nicht nur schwedische Pfannkuchen auf der Karte – auch die typischen Holzpferde aus Dalarna finde ich im Regal. Mit Helene Henderson will ich hier ein Butternut-Omelett backen.

Lunch

...ast	**Lunch**	**Greens & Bites**
...bacon, arugula, havarti aioli	chicken ricotta bacon burger	kale caesar salad *add chicken or skirt steak*
...w/ smoked salmon & ricotta	bacon & heirloom tomato sandwich	vegan chopped salad w/ avocado
eggs w/ seasonal vegetables	grilled cheese panini *add bacon or heirloom tomato*	burrata salad w/ seasonal fruit
...w/ bacon bits, maple syrup	salmon w/ soy grainy mustard	crab cakes w/ caper aioli
...es w/ whipped cream & berries	salmon sandwich w/ olive aioli	chicken & cheese quesadilla
maple syrup & coconut milk	breaded mustard chicken	cauliflower lavash pizza
	vegan coconut dish *tofu & veggies*	
	fig-balsamic skirt steak	

produce provided by Larry Thorne Family Farm , One Gun Ranch,
Malibu Farm & Maggie's Farm

WELLNESS shot $5 — *carrot orange and beet apple*

JUICE MASON JARS $3 — not included in juice purchase. PLEASE don't take our jars without asking. *something*

Food

MALIBU FARM
FRESH. ORGANIC. LOCAL.

BREAKFAST

yogurt + granola	9
quinoa oatmeal + maple syrup + coconut milk	10
fried egg sandwich + bacon + arugula + baby potatoes + country wheat toast	9
farm scrambled eggs + seasonal veggies + wheat toast	14
farm scrambled eggs + smoked salmon + ricotta + baby potatoes + country wheat toast	13
breakfast burrito + chicken sausage + black beans + cheese + peppers + onions + guacamole	15
swedish mini pancakes + whipped cream + berries	14
multi-grain pancake + bacon bits + maple syrup (until 12pm)	10
	10

BITES

crab cakes + caper aioli + baby potatoes + arugula	18
chicken cheese quesadilla + spicy aioli + black & white rice	13
cauliflower pizza + lavash bread + goat cheese + three cheese + cauliflower	11

SALADS

kale salad + kale romaine + parmesan + watermelon radish	11
vegan chop + kale romaine + butternut squash + beets + avocado + garbanzo beans	
burrata fruit + burrata cheese + seasonal fruit + arugula + sesame seeds	13

grilled salmon $10 ~ grilled skirt steak $12 ~ grilled chicken br...
(add to any salad)

23550 pacific coast highway, Malibu, ca 90265
(310) 456-1112

MALIBU FARM
FRESH. ORGANIC. LOCAL.

IPA manzanita $19   Strand amber Ale $

ically grown Bokish Tempranillo $46   Local Casa dumetz Syrah Rose $34   O

THE SWEDISH TABLE
THE SWEDISH TABLE
THE SWEDISH TABLE
THE SWEDISH TABLE
THE SWEDISH TABLE
THE SWEDISH TABLE
THE SWEDISH TABLE
THE SWEDISH TABLE
THE SWEDISH TABLE
THE SWEDISH TABLE
THE SWEDISH TABLE
THE SWEDISH TABLE

edish table $19.95   Carl Huy $35 Palmina

Malibu Farm

An einem Tag im Herbst treffe ich früh-
morgens am Ende des Piers von Malibu
Helene Henderson. Sie betreibt hier das
schickste Bio-Restaurant der Stadt, das
Malibu Farm Café. Vor ein paar Jahren bot
sich ihr die Möglichkeit, dieses Café zu
eröffnen – und ihr Konzept wurde über
Nacht zum Erfolg.

Als ich eintreffe, herrscht in der kleinen Küche bereits rege Betriebsamkeit,
der Grünkohlsaft ist schon fertig gepresst
und die Vorbereitungen für den bevorste-
henden morgendlichen Ansturm laufen.
Ich soll dabei helfen, ein leckeres Omelett
zusammenzuwürfeln. Die Zutaten der
Saison sind Butternut-Kürbis und schwarze Bohnen. Das Tüpfelchen auf dem i
bilden Zitrone und Rucola, damit arbeitet
Helene in der Küche am liebsten.

»Ich liebe es, einfach nur mit Zitrone,
Olivenöl und Meersalz zu würzen. Alles
soll unkompliziert sein«, sagt sie und brät
dabei gewürfelten Kürbis in etwas Olivenöl mit Zitrone an.

Der Duft, der sich in der Küche aus-
breitet, macht mich schon hungrig, und
sobald die Omeletts fertig sind, setzen wir
uns an einen der Tische in dem gemütlichen, liebevoll eingerichteten Café. Ich
möchte wissen, was für sie als Bio-Land-
wirtin die größten Herausforderungen
sind.

»Ich baue nur das an, was ohne
Schwierigkeiten wächst. Wenn etwas
von Läusen zerfressen wird, reiße ich
es heraus und fange noch mal neu an, ich
will nichts erzwingen.« Dieses Konzept
umfasst 36 Obstbäume, 30 Himbeersträu-

Instagram: @malibufarm

cher, zwölf Gemüsebeete voller Rucola und Grünkohl sowie
einige Nutztiere. »Als wir nach Malibu zogen, legten wir
uns einige Ziegen zu. Sie sollten sich um das ganze Unkraut
kümmern, dachten wir. Das schmeckte ihnen natürlich gar
nicht, den verwöhnten Dingern«, lacht Helene.

Das Omelett ist fantastisch – schön dünn, sodass richtig
viel von der leckeren Füllung hineinpasst. Draußen sehen wir
perfekte Wellen brechen, die den Frühaufstehern unter den
Surfern einen tollen Start in den Tag bieten.

Wie genießt Helene selbst ihre Mahlzeiten am liebsten?

»Ich mag die Stille – je näher ich der Natur bin, desto
mehr kann ich mein Essen genießen. Am liebsten ernte ich
die Zutaten von unserem Hof und bereite sie sofort auf die
simpelste Weise zu. Hier im Café servieren wir kalifornische
Küche mit einem schwedischen Twist, wir verwenden ausschließlich biologisch erzeugte Zutaten aus der Region.«

Ich komme oft her, weil ich einfaches Essen mag und
weiß, dass Helene nur die besten Zutaten auf den Tisch
bringt. Und ich genieße die perfekte Aussicht auf einen meiner Lieblingsstrände.

Butternut-Omelett

Helene macht ihre Omeletts superdünn mit wenig Ei, aber dafür mit viel Füllung. Eier schmecken ihrer Meinung nach am besten, wenn sie mit etwas Würzigem kombiniert werden.

FÜR 2 PORTIONEN
½ Butternut-Kürbis, geschält und gewürfelt
1 EL Agavendicksaft
4 Eier, leicht verquirlt
4 EL geriebener Käse nach Wahl
4 EL schwarze Bohnen aus der Dose, abgespült und abgetropft
2 Handvoll Rucola
Olivenöl und Butter zum Braten
Zitronensaft
Meersalz

Etwas Öl in einer Pfanne erhitzen und den Kürbis darin braten, bis er goldbraun und weich ist, etwa 5 Minuten. Mit Agavendicksaft, etwas Zitronensaft und einer Prise Meersalz würzen.

In einer kleineren beschichteten Pfanne etwas Öl oder Butter erhitzen, dann die Hälfte der verquirlten Eier hineingießen und vorsichtig verteilen. Das Ei kurz in der Pfanne stocken lassen. Den Käse darüberstreuen und schmelzen lassen. Die Hälfte der Kürbisstücke, der Bohnen und der Rucolablätter hinzufügen und das Omelett zusammenklappen. Das zweite Omelett ebenso zubereiten.

feeling
energized

Smoothies, Säfte, Nussmilch und Shots
versorgen Körper und Geist
mit wertvollen Nährstoffen.

Regenbogen-Milch

Wir sollen ja Obst und Gemüse in allen Farben des Regenbogens essen, aber auch selbst gemachte Mandelmilch kann man mit Farben boosten, so wie hier.

MANDELMILCH
FÜR 1 LITER
520 g Mandeln
4 Datteln, entkernt
4 TL Vanilleextrakt

Die Mandeln mindestens 6 Stunden wässern. In ein Sieb abgießen, dann zusammen mit 2 l frischem Wasser, den Datteln und dem Vanilleextrakt im Mixer fein pürieren.

Die Milch durch einen Nussmilchbeutel filtern, in eine Flasche füllen und im Kühlschrank kalt stellen.

ACAI-MILCH
FÜR 1 GLAS À 250 ML
250 ml Mandelmilch
1 EL Acai-Pulver

Milch und Acai-Pulver in ein Glas mit Deckel füllen. Verschließen und kräftig schütteln.

MATCHA-MILCH
FÜR 1 GLAS À 250 ML
250 ml Mandelmilch
½ TL Matcha-Pulver

Milch und Matcha-Pulver in ein Glas mit Deckel geben. Verschließen und kräftig schütteln.

KURKUMAMILCH
FÜR 1 GLAS À 250 ML
250 ml Mandelmilch
½ TL gemahlenes Kurkuma
1 Prise schwarzer Pfeffer

Milch, Kurkuma und schwarzen Pfeffer in ein Glas mit Deckel füllen. Verschließen und kräftig schütteln.

GOJI-MILCH
FÜR 1 GLAS À 250 ML
250 ml Mandelmilch
1 EL Goji-Beeren, 30 Minuten eingeweicht

Die Beeren abtropfen lassen und mit der Milch in den Mixer füllen. Pürieren, bis die Früchte der Milch eine schöne rote Farbe verliehen haben.

Ein Smoothie, der wie ein *mint chocolate chip cookie* schmeckt. Spinat sorgt hier für frische Farbe. Schmeckt leicht gekühlt am allerbesten.

Schoko-Minz-Shake

FÜR 2 GLÄSER À 500 ML
1 kleine Handvoll Spinat
600 ml Mandelmilch
2 gefrorene Bananen
½ Avocado
15 Minzeblätter
8–10 Tropfen Pfefferminzextrakt
8 Eiswürfel
2 EL Kakao-Nibs

Die Zutaten, außer den Kakao-Nibs, im Mixer pürieren, bis eine glatte Konsistenz erreicht ist. Die Nibs hinzufügen und noch ein paar Sekunden durchmixen. Es sollen noch kleine Kakaostückchen zu sehen sein.

Red Velvet Blend

Dieser gesunde Smoothie erinnert an einen amerikanischen Klassiker, den *red velvet cake*. Das ist ein roter Schokoladenkuchen, dessen Rezept ursprünglich aus dem Waldorf Astoria Hotel in New York stammen soll, aber auch in der Südstaatenküche verwurzelt ist. Mein *red velvet blend* schmeckt fast wie dieser Kuchen.

FÜR 1 GLAS À 600 ML
1 Rote Bete
1 kleine Gurke
300 ml Mandelmilch
3 EL Proteinpulver mit Kakaogeschmack
1 EL reines Kakaopulver

Rote Bete und Gurke im Entsafter zu Saft verarbeiten. 300 ml abmessen. Den Saft mit der Mandelmilch, dem Proteinpulver und dem Kakao im Mixer mischen. Sofort servieren.

Tipp: Man kann auch Proteinpulver mit Vanillegeschmack verwenden und 2 EL Kakao hinzufügen.

Grüner Smoothie mit Avocado

Ich gönne mir fast jeden Morgen einen grünen Smoothie. Dieser ist würzig und gibt mir ganz viel Energie.

Für 1 GLAS À 300 ML
½ **Gurke**
1 großer Apfel
1 Blatt Grünkohl
5 Stängel Brunnenkresse
2 cm frischer Ingwer
½ **Avocado**
einige Spritzer Zitronensaft
1 Prise Himalayasalz
Stevia
Kurkuma (nach Belieben)
Chia-Samen (nach Belieben)

Die Gurke, den Apfel, den Grünkohl, die Kresse und den Ingwer im Entsafter zu Saft verarbeiten.

Den Saft in den Mixer geben, Avocado und Zitronensaft hinzufügen. Alles zu einem cremigen Smoothie pürieren. Eine Prise Himalayasalz für eine salzige und ein paar Tropfen Stevia für eine süße Note hinzufügen.

Tipp: Beim Entsaften noch ein Stück Kurkumawurzel hinzufügen und zum Schluss 1 EL Chia-Samen unterrühren.

Sonnenschein-Smoothie

Die Sonne ist eine fantastische Energiequelle, von deren Kraft wir durch Früchte und alles Grüne, das wir zu uns nehmen, profitieren. Hier spiele ich bei den Zutaten einfach mit der Farbe der Sonne.

FÜR 1 GLAS À 500 ML
1 gefrorene Banane
125 g gefrorene Mango
1 Orange oder 2 Mandarinen, geschält
etwa 60 g gefrorener Sanddorn
200 ml Mandelmilch
1 EL Leinöl
1 EL Bienenpollen

Alle Zutaten in den Mixer füllen und zu einem glatten Smoothie pürieren.

Wellness-Shot

Ein klassischer Wellness-Shot
mit heilkräftigen Ölen von Oregano
und Knoblauch.

FÜR 1 SHOT
½ Zitrone
3 cm frischer Ingwer
1 Prise Cayennepfeffer
10 Tropfen Oreganoöl
20 Tropfen Knoblauchöl

Die Zitrone und den Ingwer auspressen. Den Saft in ein Glas mit Deckel füllen, Cayennepfeffer, Oreganoöl und Knoblauchöl hinzufügen. Das Glas verschließen und kräftig schütteln. Den Shot in ein Stamperl gießen – und auf Ex!

Lieblingsplatz

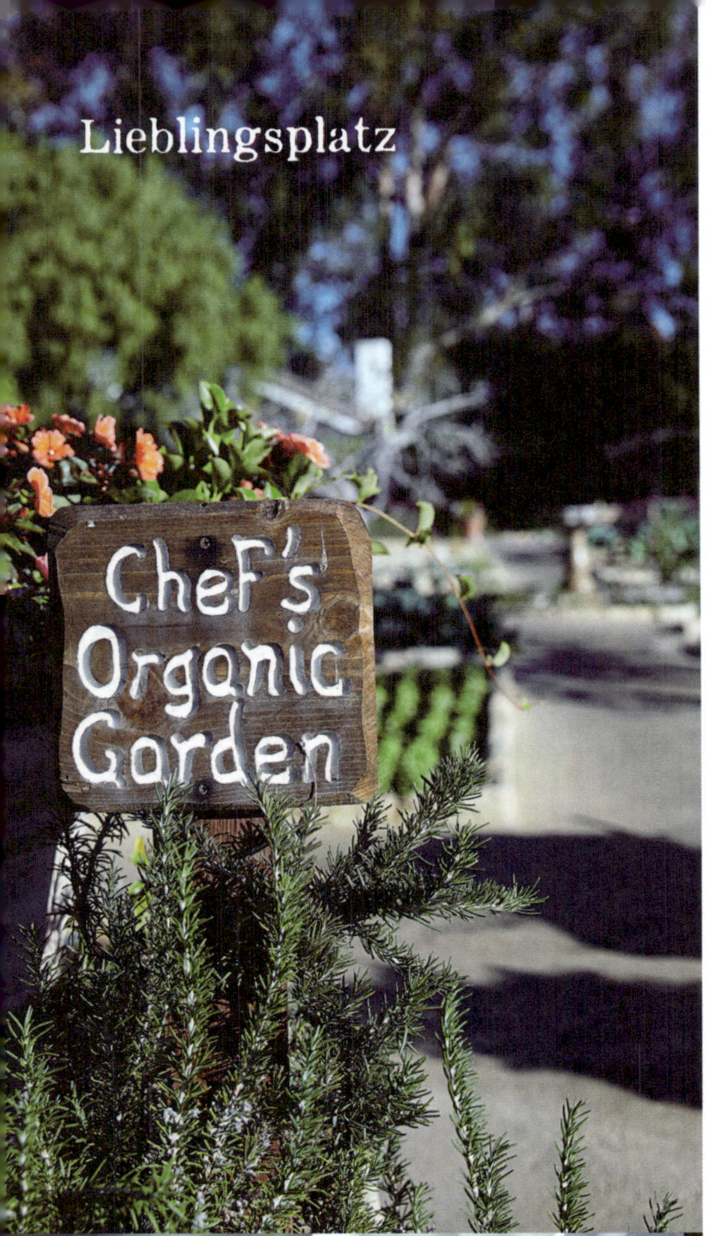

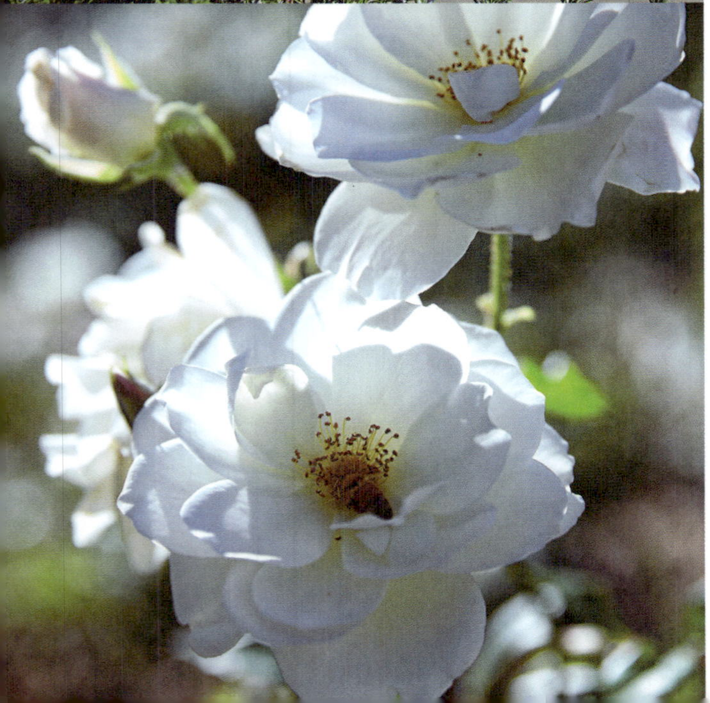

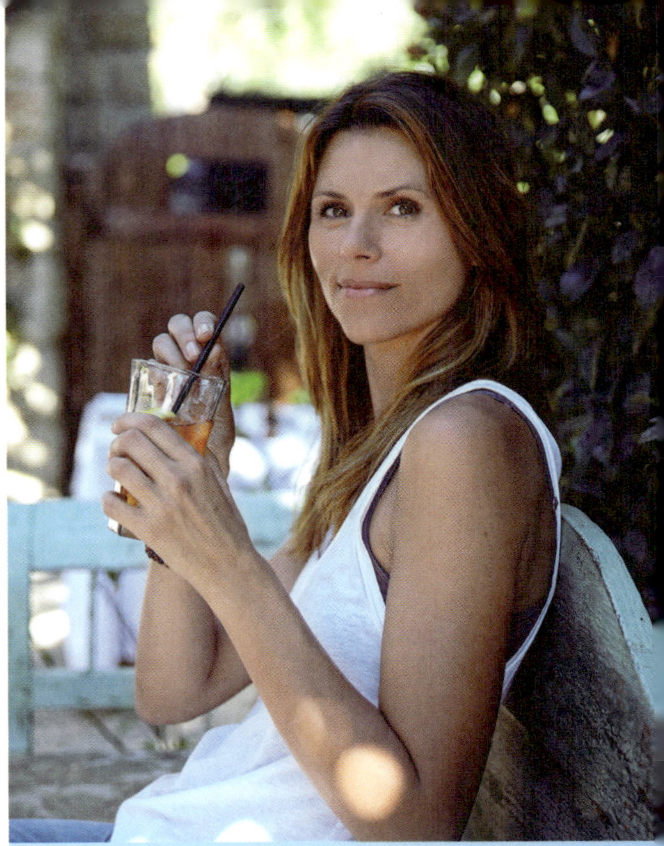

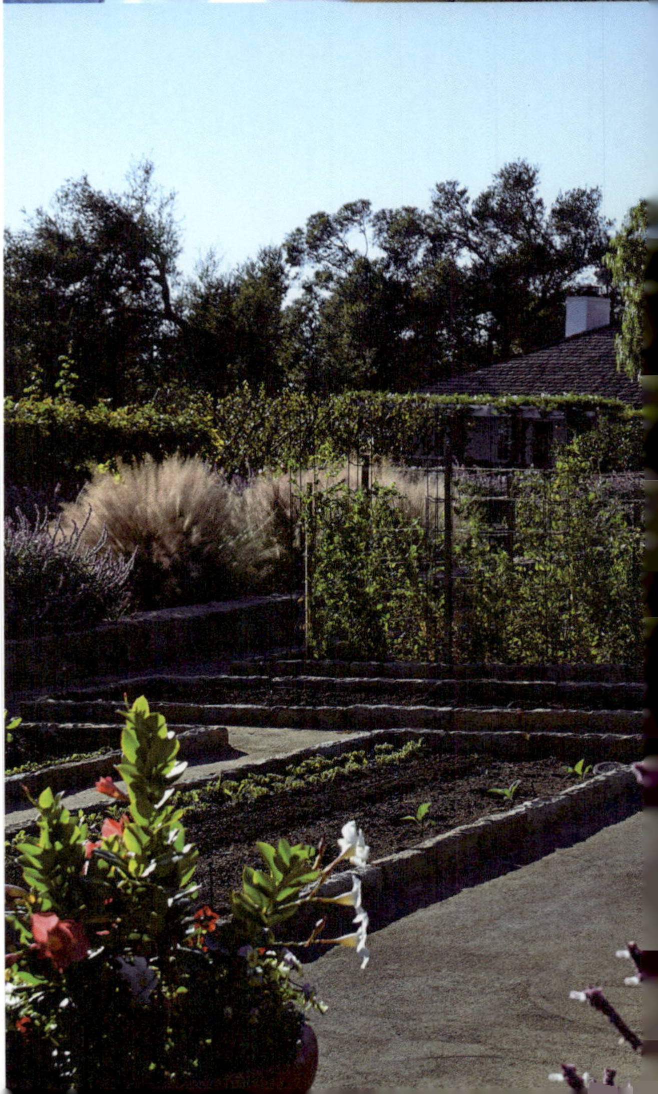

Die San Ysidro Ranch in Montecito, Santa Barbara, verzaubert wirklich jeden mit ihrer Blütenpracht, den Bergen im Hintergrund und dem Blick aufs Meer. Hier umherzuwandern und die Kolibris mit ihrem farbenfrohen Gefieder zu beobachten ist herrlich. Ein Platz, an dem ich entspannen kann und eine Mahlzeit mit frischsten Zutaten aus dem *chef's garden* genieße. In den pittoresken Gästehäuschen, die sich zwischen Zitronenhainen verstecken, kann man übrigens sogar übernachten. Balsam für die Seele.

San Ysidro Ranch

Superfood-Pulver & Superfood-Smoothie

Das Superfood-Pulver enthält Nährstoffbomben wie Reisprotein, Maca, Kakao und Chia-Samen. Damit können Sie schnell und einfach Smoothies herstellen, wann immer Sie mögen.

SUPERFOOD-PULVER
FÜR ETWA 500 GRAMM
135 g Proteinpulver mit Vanille-geschmack
80 g reines Kakaopulver
60 g Leinsamenschrot
60 g geschälte Hanfsamen
4 EL Mesquite-Pulver
4 EL Lucuma-Pulver
4 EL Maca-Pulver
4 EL Kakao-Nibs

Alle Zutaten in einem großen Glas mischen, gründlich umrühren. Man kann auch gemahlene getrocknete Pilze, wie Chaga oder Reishi, dazugeben. Falls Sie das möchten, nehmen Sie Sie jeweils 1 EL.

SUPERFOOD-SMOOTHIE
FÜR 1 GLAS À 600 ML
300 ml Kokoswasser
300 ml Mandelmilch
1 Dattel, entkernt
2 EL Superfood-Pulver

Alle Zutaten im Mixer 1–2 Minuten auf höchster Stufe vermischen.

Paranussmilch

Nicht verpassen! Die tropische Paranuss enthält reichlich Selen. Milch aus Paranüssen wird unglaublich cremig und lecker und eignet sich perfekt für Smoothies. Aromatisieren Sie sie mit Vanille, Zimt, Ingwer oder Kakao. Hier präsentiere ich eine Variante mit Vanille und Meersalz.

FÜR ½ LITER
200 g Paranüsse
2 Datteln, entkernt
½ TL Vanilleextrakt
1 Prise Meersalz

Die Nüsse 8 Stunden wässern, danach gründlich abspülen. Mit 1 l frischem Wasser im Mixer fein pürieren und durch einen Nussmilchbeutel filtern. Den Mixer ausspülen und die Milch wieder hineingießen. Datteln, Vanilleextrakt und Meersalz hinzufügen und durchmixen. Im Kühlschrank aufbewahren.

Almond Joy Latte

Ein gekühlter Cafè latte mit Nussmilch und kalt extrahiertem Kaffee ist der neueste Hype und soll sehr bekömmlich sein. Am besten schmeckt er mit selbst gemachter Mandelmilch, aber auch Paranussmilch eignet sich gut dafür. An einem kalten Wintermorgen kann man das Getränk vorsichtig erwärmen.

FÜR 1 GLAS À 600 ML
65 g Mandeln,
6–8 Stunden gewässert
1–2 Datteln, entkernt
½ TL Vanilleextrakt
1 Prise Meersalz
200–300 ml Kaffee (nach
Geschmack auch mehr)
Eiswürfel

Die Mandeln in ein Sieb abgießen und gründlich abspülen. Im Mixer mit 500 ml frischem Wasser glatt pürieren. Die Flüssigkeit durch einen Nussmilchbeutel filtern. Den Mixer ausspülen und die Milch wieder hineingießen. Datteln, Vanilleextrakt, Meersalz und Kaffee hinzufügen und etwa 30 Sekunden pürieren. Mit Eiswürfeln servieren.

Juice Ranch

SANTA BARBARA

Bei Erin und Scott kann man bei coolen grünen Säften am Strand abhängen, tolle Wellen zum Surfen gibts gratis.

DESIGNED BY
NATURE
100% ORGANIC

· THE YODA ·
kale · celery · cucumber
spinach · romaine
alkalizing + energy + stress relief + focus

· GREENS 'n' GINGER ·
apple · lemon · ginger
celery · cuke · romaine · kale
spinach · parsley
immune boost + alkalizing + energizing

· OL' FASHIONED ·
celery · parsley · carrot
· spinach ·
heavy metal detox + infection fighting

· DANDY LIVER ·
cucumber · burdock root
dandelion · celery
liver + kidney detox

Instagram: @juiceranch

Juice Ranch

Erin und Scott leben an einem der schönsten Strände von Santa Barbara. Wenn sie nicht gerade beim Surfen sind oder auf irgendeinem Hof Grünkohl ernten, experimentieren sie wie wild in ihrer Küche. Die beiden betreiben nämlich die *Juice Ranch,* die erste Saftbar der Stadt, und im Moment entwickeln sie gerade neue Rezepte für Säfte und Snacks.

Dabei will ich ihnen an diesem wunderschönen Herbsttag ein bisschen helfen. Erins Ernährungsphilosophie ist ziemlich einfach: nur beste Qualität aus der Region – und das merkt man den Säften auch an, die sie für die gesundheitsbewussten Bewohner von Santa Barbara kreiert. »Uns ist es sehr wichtig, hundert Prozent biologisch und regional zu arbeiten und zudem Glasflaschen zu verwenden. Wir legen großen Wert darauf, die

lokalen Landwirte zu unterstützen und wir wollen in Zukunft auch selbst Obst und Gemüse anbauen.«

Heute stellen wir gemeinsam einen *savoury greens & spice juice* her, der auf der Speisekarte landen soll.

»Ich wollte einen neuen Saft kreieren, der nicht nur eine starke Detox-Wirkung hat, sondern auch gegen Entzündungen wirkt und Energie spendet. Abgesehen davon, dass die meisten der grünen Blätter im Saft basisch wirken, sind sie auch fantastisch, um den Körper von Giften zu reinigen, was wichtig ist«, sagt Erin und stopft eine Handvoll frischen Koriander in die Maschine. Weitere Zutaten sind Ingwer und Kurkuma, die beide zu ihren Lieblingen beim Saftherstellen zählen.

»Kurkuma ist einer der besten Wirkstoffe, den die Natur zu bieten hat, mit vielen heilenden Eigenschaften«, erfahre ich. Und noch etwas, das ich von dieser inspirierenden Frau lernen durfte: unser Körper kann Kurkuma besser verwerten, wenn man eine Prise schwarzen Pfeffer hinzufügt.

Ich bin neugierig, welche Gesundheitstrends Erin für die Zukunft sieht. Die Antwort lautet: noch mehr Superfood und Kräuter.

»Superfood und Kräuter werden Säfte, Smoothies und Lieblingsgerichte garnieren. Ich bin wirklich gespannt darauf, wie sich das alles entwickeln wird«, meint Erin.

Dann nehmen wir Scott, sein Surfbrett, den Hund Rad Burrito und für jeden ein Glas Saft mit runter an den Strand und genießen den Nachmittag beim Surfen.

Würziger grüner Saft

»Der Ingwer ist das Nonplusultra. Nach so einem grünen Saft mit viel Ingwer fühle ich mich wie der Hulk! Mein Körper erwacht zum Leben und es geht mir fantastisch.« /Erin

FÜR 2 GLÄSER À 300 ML
1 ½ Äpfel
4–5 Stangen Sellerie
1 kleine Handvoll Spinat
3 Romana-Salatblätter
¼ Bund Petersilie
¼ Bund Löwenzahnblätter
½ Bund Koriander
½ Zitrone, geschält
3 cm frische Kurkuma
3 cm Ingwer
daumennagelgroßes Stück
Jalapeño-Chili, ohne Kerne
1 Prise Himalayasalz
1 Prise schwarzer Pfeffer

Die Zutaten mit Ausnahme von Pfeffer und Salz in den Entsafter geben. Den Saft in eine Karaffe füllen, mit Salz und Pfeffer abschmecken und einen Freund auf ein Gläschen einladen.

feeling
hungry

*Nicht nur für Superfoodies: einfache
Rezepte, umwerfend gut.*

Pasta »Alfredo«

Hier habe ich eine etwas gesündere Variante des allseits beliebten Klassikers zubereitet. Anstelle von Sahnesauce und Eiernudeln verwende ich glutenfreie Pasta und eine cremige Sauce aus Blumenkohl und supergesunder Nährhefe.

FÜR 2–3 PORTIONEN
3 Knoblauchzehen
Olivenöl
200 g glutenfreie Pasta
1 kleiner Blumenkohl,
in Röschen geteilt
100 ml Mandelmilch
1 EL Zitronensaft
2 TL Nährhefe (nach
Geschmack auch mehr)
1 TL Zwiebelpulver (nach
Geschmack auch mehr)
Meersalz und schwarzer Pfeffer
Petersilie zum Bestreuen

Den Knoblauch in Scheiben schneiden und in etwas Olivenöl anbraten, bis er goldbraun ist.

Die Pasta nach Packungsanweisung kochen, dann in ein Sieb abgießen.

Den Blumenkohl zusammen mit dem Knoblauch, der Mandelmilch und dem Zitronensaft in den Mixer geben und zu einem glatten Püree verarbeiten. Mit der Nährhefe, dem Zwiebelpulver sowie etwas Meersalz und schwarzem Pfeffer abschmecken.

Das Blumenkohlpüree in einen Topf gießen und 1–2 Minuten erwärmen. Die Pasta auf Teller verteilen, das Blumenkohlpüree darübergießen. Mit Petersilie und schwarzem Pfeffer garnieren.

Veggie-Sushi

Wussten Sie, dass sich Sushi in LA schon in den 1960er-Jahren durchgesetzt hat? Diese einfachen Veggie-Sushi-Röllchen haben viel zu bieten. Experimentieren Sie mit allen möglichen Gemüsesorten!

FÜR 2 ROLLEN
340 g Quinoa
1 Avocado
½ Mango
½ Zucchini
2 Nori-Blätter (gepresste, getrocknete Algen)
Sprossen
schwarzer Sesam
Tamari oder Shoyu (japanische Sojasauce)

Die Quinoa nach Packungsanweisung garen, dann abkühlen lassen. Avocado und Mango schälen. Zucchini, Avocado und die Mango in gleich große Stäbchen schneiden.

Die Nori-Blätter auf eine Bambusmatte oder Butterbrotpapier legen, die Längsseite zeigt zu Ihnen. Eine gleichmäßige Schicht Quinoa auf dem Nori verteilen, am oberen Rand einen Streifen freilassen.

Mit Hilfe der Bambusmatte oder des Butterbrotpapiers eine Rolle formen, den freien Rand mit Wasser anfeuchten und die Rolle »zusammenkleben«. Die zweite Rolle genauso zubereiten. Für etwa 1 Stunde im Kühlschrank ruhen lassen.

Die Rollen zunächst in der Mitte teilen, dann in etwa 2 cm dicke Scheiben schneiden. Auf eine Platte legen und mit weiteren Sprossen und schwarzem Sesam garnieren. Mit Sojasauce zum Dippen servieren.

Toskanischer Kohlsalat

Ein traditioneller *Tuscan kale salad* besteht aus Streifen von Schwarzkohl (Palmkohl), Zitrone, Knoblauch, Chiliflocken, Pecorino und Croûtons. In Kalifornien findet man ihn in vielen verschiedenen Varianten auf den Speisekarten. Meine Version enthält Nüsse, Birne und Fenchel.

FÜR 2–3 PORTIONEN
1 Bund Schwarzkohl
1 Fenchelknolle
1 Birne
1 Avocado
65 g Walnüsse

Dressing:
3 EL Olivenöl
2 EL Zitronensaft
1 Knoblauchzehe
Chiliflocken
Meersalz und schwarzer Pfeffer

Topping:
gehobelter Parmesan

Den Backofen auf 200 °C vorheizen.

Den Schwarzkohl waschen, die Stängel entfernen. Die Kohlblätter in breite Streifen schneiden und in eine Schüssel geben. Einige Minuten mit den Händen durchkneten, bis sie weich werden.

Den Fenchel waschen und in dünne Scheiben schneiden, am besten mit einem Gemüsehobel. Die Birne waschen und in Scheiben schneiden. Die Avocado schälen und würfeln.

Die Walnüsse im Backofen 10–15 Minuten rösten, bis sie etwas Farbe bekommen haben.

Für das Dressing Olivenöl und Zitronensaft in einer Schüssel mischen, den Knoblauch hineinpressen, Chiliflocken, Meersalz und schwarzen Pfeffer nach Geschmack dazugeben.

Alle Salatzutaten mischen, mit dem Dressing übergießen und den Salat mit dem gehobelten Parmesan garnieren.

Gjelina,
G.T.A &
Gjusta

Gjelina, Gjusta oder G.T.A, es spielt keine Rolle, wohin man geht: Dort gibt es den leckersten Frühstückstoast und die kreativsten Gemüseplatten von ganz Venice und außerdem zählt auch die beste Bäckerei der Stadt dazu. Die drei Restaurants gehören demselben Besitzer und verfolgen dieselbe Philosophie: Produkte aus der Region und eine Speisekarte, die sich mit den Jahreszeiten ändert. Hier sitze ich oft und genieße einen Toast oder ein paar gesunde Snacks und verfolge das geschäftige Treiben auf dem Abbot Kinney Boulevard.

Gemüse-Tacos mit Limettencreme

Maistortillas kann man ganz leicht selbst machen.
Die einzige Hürde: Sie müssen original mexikanisches
Maismehl auftreiben. Gemahlener Mais oder Polenta
funktioniert hier nicht.

FÜR 2–3 PORTIONEN
**125 g Masa Harina
(mexikanisches Maismehl)**

Limettencreme:
**170 g Cashewkerne,
mindestens 6 Stunden gewässert
und abgetropft
Saft von 3 Limetten
etwa 100 ml Mandelmilch
Meersalz**

Füllung:
**2 mittelgroße Süßkartoffeln
1 gelbe Paprikaschote
2 Frühlingszwiebeln
Olivenöl
Meersalz**

Topping:
**1 Handvoll frischer Koriander
Chiliflocken
2 Limetten**

Beginnen Sie mit der Limettencreme: Alle Zutaten im Mixer fein pürieren. In eine Schüssel füllen und bis zum Servieren in den Kühlschrank stellen.

Für die Füllung die Süßkartoffeln schälen und würfeln, die Paprikaschote putzen und würfeln, die Frühlingszwiebeln hacken. Die Süßkartoffeln 1–2 Minuten in kochendem Wasser vorgaren. Danach Süßkartoffeln, Paprika und Frühlingszwiebeln in etwas Olivenöl goldbraun braten. Salzen. Zugedeckt zur Seite stellen.

Den Anweisungen auf der Masa-Harina-Verpackung folgen und Teig für sechs Tortillas zubereiten. Zu sechs Kugeln formen und zwischen zwei Bögen Backpapier zu Tortillas ausrollen.

Eine gusseiserne Pfanne erhitzen. Die Tortillas nacheinander bei ziemlich hoher Temperatur ohne Fett einige Minuten braten. Wenden und noch einige Sekunden fertig garen. Die Tortillas in einem Küchentuch warm halten.

Die Füllung auf die Tortillas verteilen, mit Limettencreme beträufeln und mit Korianderblättern und Chiliflocken garnieren. Die Tacos sofort mit Limettenspalten servieren.

Sharon-Feigen-Pizza

Kann es zu viele Ideen für Pizzabelag geben? Hier kommt ein Rezept mit Feigen und Sharon-früchten. Der Boden ist dünn, knusprig und glutenfrei.

FÜR 1 PIZZA

Teig:
180 g Kichererbsenmehl
1 TL Backpulver
1 TL Meersalz
2 EL Olivenöl

Topping:
1 reife Sharonfrucht
2 Feigen
80 g Ziegenkäse
1 Handvoll frischer Salbei
Meersalz
schwarzer Pfeffer
Olivenöl

Den Backofen auf 200 °C vorheizen.

In einer großen Schüssel das Mehl mit Back-pulver und Meersalz mischen. Das Olivenöl sowie nach und nach 6–8 EL Wasser unter-kneten und den Teig zu einer Kugel formen. Mit einem Küchentuch abgedeckt 10 Minu-ten ruhen lassen. Danach auf einem mit Back-papier ausgelegten Blech dünn ausrollen.

Sharonfrucht und Feigen in dünne Scheiben schneiden. Den Ziegenkäse auf dem Teig verteilen und mit den Früchten belegen. Mit Salbei, etwas Meersalz und schwarzem Pfeffer bestreuen und mit Olivenöl beträufeln. 10–15 Minuten backen. In Stücke schneiden und servieren.

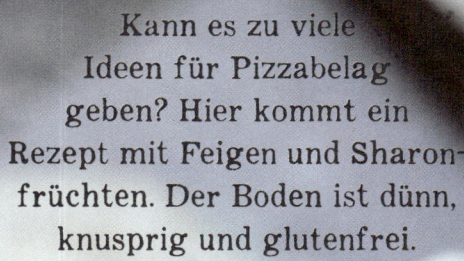

Grüne Raw-Food-Lasagne

Lecker, geschmacksintensiv und voller Leben – eine Lasagne für Raw-Foodies. Wenn Sie vorher noch nie Walnuss-Fleisch probiert haben, dann können Sie sich freuen. Ich mag es am liebsten leicht *chunky*, mit ein paar Stückchen drin.

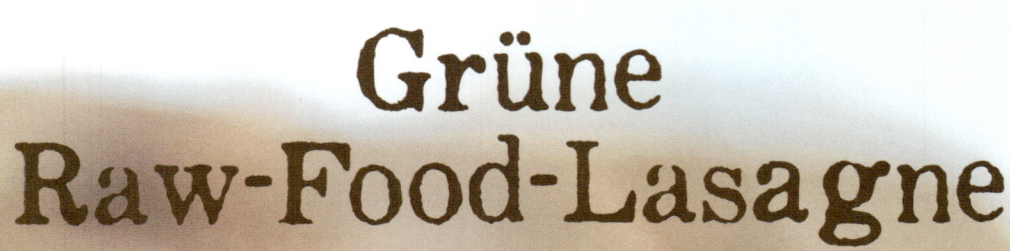

FÜR 2 GROSSE STÜCKE
**5 Zucchini, mit dem Gemüsehobel
in dünne Scheiben geschnitten**

Cashew-Käse:
**170 g Cashewkerne, 1–2 Stunden
gewässert und abgetropft
Saft von 1 Zitrone
3 TL Nährhefe
1 Knoblauchzehe
Meersalz
schwarzer Pfeffer**

Walnuss-Fleisch:
**260 g Walnüsse
2 EL Tamari oder Shoyu
(japanische Sojasauce)
1 Messerspitze Kümmel
Meersalz**

Tomatensauce:
**6 Tomaten, Kerne entfernt
10 sonnengetrocknete Tomaten
in Öl
1 Dattel
1 Knoblauchzehe
Saft von ½ Zitrone
2 Messerspitzen Oregano
1 Spritzer Olivenöl**

Basilikumpesto:
**60 g Basilikumblätter
½ Zucchini
100 g Pinienkerne
3 EL Olivenöl
1 Knoblauchzehe
1 EL Zitronensaft
½ TL Meersalz**

Topping:
**Basilikum
Pinienkerne**

Alle Zutaten für den Cashew-Käse mit gut 100 ml Wasser im Mixer fein pürieren. In eine Schüssel füllen und für 1 Stunde kalt stellen.

Für das Walnuss-Fleisch die Nüsse im Mixer zerkleinern, bis sie eine hackfleischähnliche Konsistenz haben. Sojasauce und Kümmel untermischen. Mit Meersalz abschmecken.

Alle Zutaten für die Tomatensauce im Mixer pürieren. Bei Bedarf etwas mehr Olivenöl hinzufügen. In einer Schüssel zur Seite stellen.

Alle Zutaten für das Pesto im Mixer pürieren. In eine Schüssel füllen und zur Seite stellen.

Die Lasagne aufbauen: Vier breite, gehobelte Zucchinistreifen nehmen, vorsichtig falten und auf einem Teller überlappend in Form einer Sonne auslegen. Mit einer großzügigen Schicht Tomatensauce bestreichen, weiter mit einer Schicht Walnuss-Fleisch, einer Schicht Basilikumpesto und einer Schicht Cashew-Käse. Mit weiteren vier gefalteten Zucchinistreifen abdecken, dann Tomatensauce, Walnuss-Fleisch, Pesto und schließlich etwas Cashew-Käse daraufgeben. Mit ein paar Pinienkernen und etwas Basilikum garnieren. Sofort servieren.

Tipp:
Cashew-Käse eignet sich auch super als Dip zu Gemüsesticks.

Salat-Wraps

Es ist so einfach, Gemüsereste aus dem Kühlschrank aufzupeppen, indem man sie in ein paar schöne Salatblätter hüllt! Hierfür würfele ich übrig gebliebenes Gemüse, brate es in Kokosöl an und beträufle das Ganze mit Shoyu. Obststückchen passen ebenfalls gut und natürlich können Sie auch Ihr Lieblingsdressing dazugeben.

Powersalat

Ein Salat aus dem
neuen Lieblingsgetreide Dinkel.
Ganz einfach und randvoll
mit guten Inhaltsstoffen.

FÜR 2–3 PORTIONEN
220 g Dinkel
2 EL Zitronensaft
3 EL Olivenöl
je 1 gehäuften EL fein gehackte
Petersilie, Majoran und
Schnittlauch
30 g Haselnüsse
2 Handvoll gelbe und rote
Kirschtomaten
1 Avocado
1 große Handvoll Rucola
Meersalz und schwarzer Pfeffer

Den Backofen auf 200 °C vorheizen.

Den Dinkel in 900 ml Wasser kochen, bis die Körner weich sind. In ein Sieb abgießen, kalt abspülen und abkühlen lassen.

Für das Dressing in einer Schüssel Zitronensaft und Olivenöl mit etwas Meersalz und schwarzem Pfeffer verrühren und die Kräuter untermischen.

Die Haselnüsse im heißen Ofen 10–15 Minuten rösten. Währenddessen die Tomaten halbieren, die Avocado schälen und würfeln.

Dinkel, Nüsse, Tomaten, Avocado und Rucola in einer großen Schüssel mischen. Mit dem Dressing übergießen und vorsichtig vermengen.

Veggie-Burger

Die Jagd nach einem leckeren Veggie-Burger nimmt kein Ende, denn es gibt so viele gesunde Flocken und Gemüse ... Meiner basiert auf braunem Reis und Kichererbsen, die zugleich eine tolle Proteinquelle sind.

FÜR 4–5 BURGER
150 g gekochter brauner Reis (fast etwas zerkocht, damit er klebrig wird)
1 Dose (etwa 400 g) Kichererbsen, abgespült und abgetropft
1 Handvoll gehackte Petersilie
1 EL gehackter Rucola
2 EL getrockneter Oregano
2 Knoblauchzehen, gepresst
4 EL gehackte Schalotten
1 Ei
Mandelmehl
Panko (japanische Semmelbrösel)
Meersalz und schwarzer Pfeffer
Kokos- oder Olivenöl zum Braten

Topping:
4–5 große Salatblätter oder 8–10 kleinere
Pesto mit sonnengetrockneten Tomaten (Rezept siehe unten)
1 Handvoll Rucola
1 grüne Tomate, in Scheiben
einige Scheiben rote Zwiebel
1 Avocado, in Scheiben
1 Handvoll Sprossen nach Wahl

Pesto mit sonnengetrockneten Tomaten:
120 g sonnengetrocknete Tomaten in Öl
2 EL Pinienkerne
1 Knoblauchknolle
1 Handvoll Basilikum
4 EL Olivenöl
3 EL geriebener Parmesan oder Nährhefe

Alle Zutaten für das Pesto im Mixer glatt pürieren, mit Wasser verdünnen, falls nötig. Kühl stellen, während die Burger gebraten werden.

Für die Burger Reis, Kichererbsen, Kräuter, Knoblauch, Schalotten und Ei im Mixer pürieren, bis eine feinkörnige Masse entstanden ist, die weder zu klebrig noch zu trocken sein darf. Die Konsistenz mit Mandelmehl und Paniermehl anpassen. Mit Salz und Pfeffer würzen. Zu vier bis fünf Kugeln formen und flach drücken. In einer Bratpfanne etwas Öl erhitzen und die Burger bei mittlerer Temperatur von jeder Seite einige Minuten braten, bis sie leicht braun und knusprig sind.

Die Salatblätter auf einer Platte verteilen, die Burger daraufsetzen und eine großzügige Schicht Pesto darauf verteilen, gefolgt von Rucola, Tomate, Zwiebel, Avocado und Sprossen. Ein weiteres Salatblatt als Deckel auflegen (oder das Ganze in ein großes Salatblatt einschlagen) – und zubeißen!

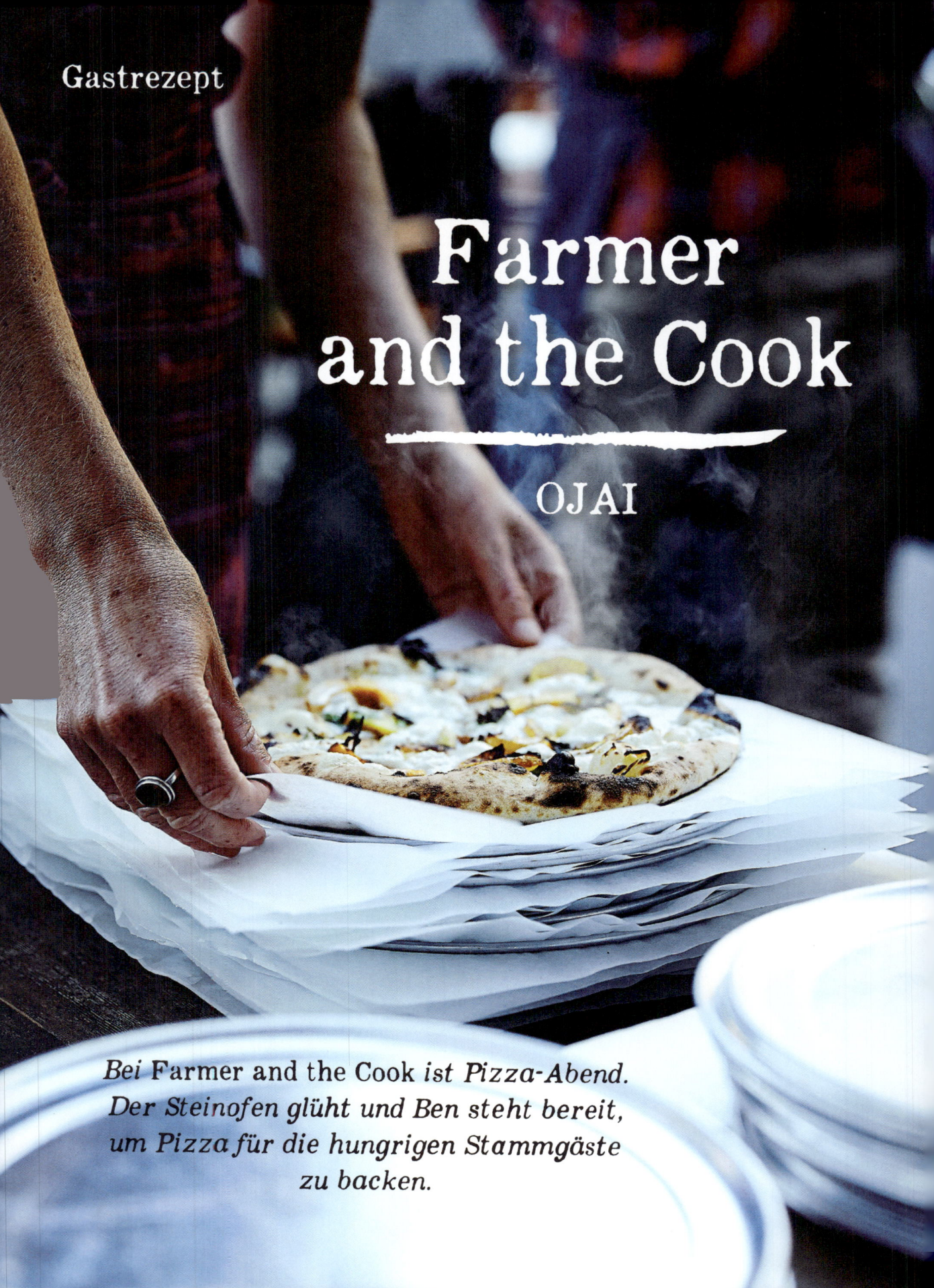

Farmer and the Cook

OJAI

*Bei Farmer and the Cook ist Pizza-Abend.
Der Steinofen glüht und Ben steht bereit,
um Pizza für die hungrigen Stammgäste
zu backen.*

Instagram:
@farmerandthecook

Farmer and the Cook

Heute ist *live music & pizza night* bei *Farmer and the Cook* in Ojai. Und ich bin dabei, um beim Pizzabacken zu helfen. An solchen Abenden ist es hier immer gerammelt voll. Alle möchten sich ein Stück von Bens leckerer Pizza schmecken lassen, und das zu den Klängen von talentierten Singer-Songwritern aus der Umgebung.

Farmer and the Cook ist ein Bio-Café und gleichzeitig ein Dorfladen, der in Ojai unheimlich beliebt ist. Hier kommt frisch Geerntetes vom Bauern – *the farmer* – ein Stück die Straße runter auf den Tisch und alle Speisen werden von seiner Frau Olivia zubereitet – *the cook*. Auf der Speisekarte findet man vegetarische mexikanische Gerichte, Raw Food sowie Säfte und Smoothies. Die Atmosphäre ist so richtig schön hippiemäßig, genau wie man es an einem solchen Ort erwartet.

An Sonntagen hält also Pizzabäcker Ben die Fäden in der Hand. Am Morgen streift er durch die Gemüsebeete und entscheidet sich je nachdem, was gerade reif ist, für einen Belag. Dann rollt er den ganzen Nachmittag Pizzateig aus, während die anderen den Außenbereich mit Tischen und Stühlen versehen.

Ich helfe beim Teigausrollen, und auch wenn ich nicht so routiniert bin wie Ben, kommen wir voran. Er erklärt mir, dass für einen leckeren Pizzateig das Mehl entscheidend ist: »Ich verwende eine Mischung aus italienischem Tipo-00-Mehl, und normalem Weizenmehl. Man kann es natürlich auch durch etwas Dinkelmehl ersetzen. Für den Belag sind frische, biologische Zutaten ein Muss.«

Abends ist die Stimmung spitze, kein Stuhl bleibt frei. Todd Hannigan spielt Gitarre und die Pizzas wandern in rasendem Tempo rein und raus aus dem Holzofen. Das Holz stammt von den Zitrusbäumen, für die Ojai bekannt ist. Ich helfe dabei, Mozzarella und Basilikum auf die Pizzas zu streuen und bediene einige Freunde, die vorbeigekommen sind. Danach ist es höchste Zeit für Stephanie, die fotografiert, und mich, uns hinzusetzen und selbst zu probieren. Und was soll ich sagen: alle Daumen hoch für Bens Pizza!

»Ich versuche mir interessante Geschmackskombinationen auszudenken, mit dem, was ich morgens auf der Farm finde«, verrät er. »Das gelingt meistens echt gut. Das Pizzabacken habe ich bei *Roberta's* in New York gelernt, später bin ich zurück nach Kalifornien gezogen. Hier gibt es einfach die besseren Wellen zum Surfen …«

Pizza x 2

FÜR 2 PIZZAS
Teig:
2 g Trockenhefe
200 ml lauwarmes Wasser
150 g italienisches Weizenmehl
Tipo 00
150 g Weizenmehl Type 550
1 TL Olivenöl
1 TL Meersalz

Tomatensauce:
1 Knoblauchzehe
Olivenöl
400 g passierte oder gehackte
Tomaten
Salz und schwarzer Pfeffer

Beginnen Sie mit dem Teig: In einer Schüssel die Hefe mit dem Wasser verrühren und zur Seite stellen. Die beiden Mehlsorten in einer weiteren Schüssel mischen, in die Mitte eine kleine Mulde drücken. Die Hefemischung, das Olivenöl und das Meersalz hineingeben. Mit den Händen 2–3 Minuten verkneten. Mit einem Küchentuch abdecken und 20 Minuten gehen lassen. Wieder 5–10 Minuten mit den Händen kneten, bis der Teig glatt ist. Den Teig halbieren und zu zwei Kugeln formen. Mit einem Küchentuch abdecken und 1–2 Stunden gehen lassen, dann zu zwei runden Pizzaböden ausrollen.

Den Knoblauch hacken. Etwas Olivenöl in einer Pfanne erhitzen und den Knoblauch darin goldbraun braten. Die Tomaten hinzufügen, nach Geschmack salzen und pfeffern und die Sauce 4–5 Minuten köcheln lassen.

PIZZA MARGHERITA
Tomatensauce
1 Kugel Mozzarella
6 Basilikumblätter
Olivenöl

Den Backofen auf 175 °C vorheizen.

Einen Pizzaboden mit Tomatensauce bestreichen, den Mozzarella mit den Fingern auseinanderzupfen und gleichmäßig auf der Pizza verteilen. Mit Basilikum bestreuen.

Im Ofen backen, bis der Boden eine schöne Farbe hat und der Käse geschmolzen ist. Die Pizza vor dem Servieren mit etwas Olivenöl beträufeln.

PIZZA DELICATA
1 Stange Lauch
1 EL Butter
2 EL Olivenöl
1 Stück Butternut-Kürbis
250 g Ricotta
1 Kugel Mozzarella, auseinandergezupft
1 Knoblauchzehe
1 Prise fein gehackte Petersilie
Basilikum
1 Prise Chiliflocken
Meersalz

Den Backofen auf 175 °C vorheizen. Den Lauch waschen und die Enden abschneiden. Die Stangen der Länge nach in zwei Hälften teilen und danach quer in 2 cm große Stücke schneiden. Die Butter in einem Topf mit dickem Boden zerlassen, 1 EL Olivenöl und den Lauch hinzufügen. Bei niedriger Temperatur etwa 30 Minuten garen, um den Lauch zu karamellisieren, dabei ab und zu umrühren. Wenn der Lauch auf die Hälfte zusammengefallen und schön goldbraun ist, zur Seite stellen und abkühlen lassen.

Den Kürbis der Länge nach halbieren und die Kerne entfernen. Den Kürbis in 2 cm große Halbringe schneiden. In eine Schüssel legen und in 1 EL Olivenöl und 1 Prise Meersalz wenden. Den Kürbis in einer ofenfesten Form verteilen und 10–20 Minuten backen.

Den Knoblauch in Scheiben schneiden und auf dem Pizzaboden verteilen. Ricotta und Mozzarella gleichmäßig darauf verteilen und mit Kürbis und karamellisiertem Lauch belegen. Die Petersilie und einige frische Basilikumblätter darüberstreuen, mit den Chiliflocken garnieren. Im Ofen backen, bis der Boden goldbraun ist und der Käse eine schöne Farbe hat.

feeling
sporty

Grab'n'go – Gerichte und Snacks
für einen aktiven Lebensstil, perfekt
zum Mitnehmen.

Salat im Glas

Setzen Sie sich einen Strohhut auf und packen Sie den Picknickkorb für ein sommerliches Mittagessen im Sand.

FÜR 2 GLÄSER
½ gelbe Paprikaschote, gewürfelt
1 Minigurke, gewürfelt
½ Handvoll Mangold
½ Handvoll gemischter Blattsalat
1 kleine Handvoll Spinat
5 Erdbeeren, in Scheiben

Kichererbsensalat:
1 Dose (400 g) Kirchererbsen, abgespült und abgetropft
2 EL gewürfelte Gemüsezwiebel
1–2 EL gehackte Petersilie
einige Spritzer Zitronensaft
1 Prise Meersalz
1 Prise Chiliflocken

Dressing:
6 EL Olivenöl
3 EL Zitronensaft
1 EL Honig
Meersalz und schwarzer Pfeffer

Die Zutaten für den Kichererbsensalat mischen und zur Seite stellen.

Das Dressing anrühren, mit etwas Meersalz und schwarzem Pfeffer abschmecken.

Das Dressing in ein Glas füllen, dann den Kichererbsensalat, Paprika, Gurke, Mangold, Blattsalat und Spinat einfüllen. Mit den Erdbeeren abschließen.

Wenn es Zeit für das Mittagessen ist, stürzt man den Salat einfach auf einen Teller, dabei landet das Dressing auf dem Salat und alles kann ganz leicht gemischt werden!

Supersandwich

Yummy – so ein Sandwich im Picknickkorb
ist einfach klasse!

FÜR 2 SANDWICHES
4 Scheiben Sauerteigbrot
1 Avocado, in Scheiben
1 Kugel Mozzarella,
in Scheiben
1 Gemüsezwiebel, in Scheiben
1 Handvoll Blattsalat
1 Handvoll Sprossen

Pistazienpesto:
80 g Pistazien
1 Handvoll Basilikum
3 EL Olivenöl
1 EL Zitronensaft
Meersalz und schwarzer Pfeffer

Alle Zutaten für das Pesto in den Mixer geben und nicht zu fein pürieren.

Die Brotscheiben mit dem Pesto bestreichen. 2 Brotscheiben mit Avocado-, Mozzarella- und Zwiebelscheiben belegen, mit etwas Salat und Sprossen garnieren. Mit den beiden restlichen Brotscheiben abdecken.

Die Sandwiches in Butterbrotpapier verpacken, mit einer Schnur umwickeln und in den Picknickkorb legen.

Erdnuss-Schoko-Smoothie

Nach einer langen Wanderung oder einem anstrengenden Workout ist ein reichhaltiger Smoothie für mich die beste Art, die Akkus wieder mit neuer Energie zu füllen.

FÜR 1 GLAS À 500 ML
1 gefrorene Banane
1 EL Erdnussbutter
1 EL reines Kakaopulver
1 Portion Proteinpulver mit Vanillegeschmack
1 Dattel
2 TL Chia-Samen
300 ml Mandelmilch

Alle Zutaten in den Mixer geben und auf höchster Stufe pürieren. In ein Glas füllen.

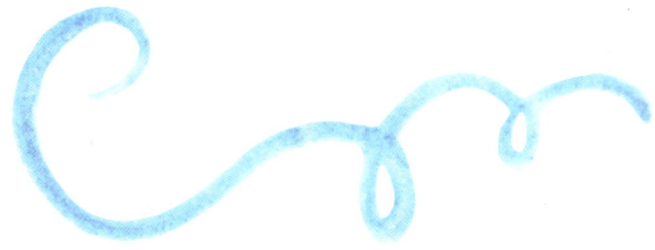

Auf dem Bauernmarkt in Ojai habe ich Hibiskusblüten entdeckt, aus denen man Tee zubereiten kann. Dafür werden die dickeren Blütenblätter, die direkt am Stängel wachsen, gepflückt und getrocknet.

Hibiskustee

FÜR 2 GLÄSER À 300 ML
15 g getrocknete Hibiskusblüten

In einem Topf 600 ml Wasser zum Kochen bringen. Die Temperatur reduzieren, die Hibiskusblüten in den Topf geben und 15 Minuten sieden lassen. Den Tee durch ein Sieb abgießen und im Kühlschrank kalt werden lassen. Mit Eiswürfeln servieren.

Getrocknete Hibiskusblüten findet man im Bioladen oder online.

Grünes Chia-Fresca

Justin, mein Lebensgefährte, liebt gesunde Drinks,
insbesondere wenn er sie nicht selbst machen
muss. Hier bekommt er ein stärkendes Fresca
mit Chia-Samen.

FÜR 1 FLASCHE
**½ Ananas, geschält
und gewürfelt
10 Minzeblätter
1 Handvoll Spinat
1 Fenchelknolle
1 cm Ingwer (nach
Belieben auch mehr)
1 Limette, geschält
2 EL Chia-Samen
1 Spritzer Kokoswasser
(nach Belieben)**

Ananas, Minze,
Spinat und Limette
entsaften. Den Saft
mit den Chia-Samen
verrühren, wer mag,
gibt etwas Kokos-
wasser dazu. In
eine Flasche füllen,
verschließen und
gut durchschütteln.
Die Chia-Samen vor
dem Servieren kurz
quellen lassen.

Chia im Glas

So ein Glas lässt sich super zur Arbeit mitnehmen, wie es Bademeister Scott hier vormacht. Der Pudding muss nicht gekühlt gegessen werden und je länger man ihn durchziehen lässt, desto leckerer wird er. Eine richtige kleine Nährstoffbombe!

FÜR 2 GLÄSER À 300 ML
500 ml Kokosmilch
6 EL Chia-Samen
1 TL Maca-Pulver
1 TL Vanilleextrakt
einige Tropfen Stevia

Topping:
Brombeeren
getrocknete Maulbeeren
Kokoschips
Honig

Die Kokosmilch in ein großes Glas füllen, dann Chia-Samen, Maca-Pulver, Vanilleextrakt und Stevia hinzufügen. Verschließen, kräftig schütteln und ein paar Stunden im Kühlschrank quellen lassen, am besten über Nacht. Ab und zu schütteln.

Zum Servieren die Beeren und die Kokoschips als Topping dazugeben und alles mit etwas Honig beträufeln.

Lieblingsplatz

Hiking am Eagle Rock

Mein bestes Rezept um die Akkus wieder aufzuladen: die Wanderschuhe schnüren und raus in die Natur. Zu unserem zweiten Date nahm Justin mich zu diesem magischen Ort mit. Auf dem Weg nach oben findet man die Ruhe selbst. Hier umgibt einen die Stille und die Adler gleiten so tief, dass ich manchmal befürchte, sie landen gleich auf meinem Kopf. Vom Eagle Rock aus genießt man die Aussicht auf die Topanga Hills. Hier kann ich stundenlang sitzen, der Stille lauschen und frische Energie sammeln. So weit weg von LA und doch ganz nah.

Bananen-Walnuss-Brot

Schmeckt mit einem Hauch Butter
und einem guten, würzigen Käse unglaublich lecker.

FÜR 1 BROT
50 g Buchweizenmehl
1 Messerspitze Backnatron
½ EL Zimt
1 Messerspitze Meersalz
2 EL Kokoszucker
2 Eier
100 ml Olivenöl
2 EL flüssiger Honig
1 TL Vanilleextrakt
(nach Belieben)
2–3 reife Bananen, zerdrückt
65 g grob gehackte Walnüsse
Öl für die Form

Den Backofen auf 175 °C vorheizen. Das Mehl in eine Schüssel geben, mit Natron, Zimt, Meersalz und Zucker mischen. Zur Seite stellen. Das Ei, das Öl, den Honig und den Vanilleextrakt in einer kleineren Schüssel verrühren. Ebenfalls zur Seite stellen.

Die flüssigen Zutaten zu den trockenen gießen und alles gründlich mischen. Die Bananen und die grob gehackten Walnüsse hinzufügen. Den Teig in eine gefettete Kastenform gießen. 40–50 Minuten backen. Um zu testen, ob das Brot fertig gebacken ist, sticht man ein Holzstäbchen von oben hinein. Wenn kein Teig daran kleben bleibt, ist das Brot fertig. Vollständig auskühlen lassen, bevor Sie es aus der Form nehmen.

Kokos-Smoothie mit Birne und Ingwer

FÜR 1 GLAS À 600 ML
200 ml Kokosmilch
1 reife Birne
1 kleine gefrorene Banane
2 EL Proteinpulver
1–2 cm frischer Ingwer
200 ml Mandelmilch

Alle Zutaten im Mixer zu einem glatten Smoothie pürieren. In ein Glas füllen und mit einem Deckel verschließen.

Sogenannte *mason jars*, Spezialgläser mit Schraubverschluss, vereinfachen den Transport von Getränken für ein Picknick am Strand. Perfekt dazu: bunte Strohhalme aus Pappe.

Goji-Powerbar

Bringt Energie zurück, wenn Sie sie am
dringendsten benötigen.

FÜR ETWA 500 GRAMM
130 g Mandeln
130 g Walnüsse
65 g Kürbiskerne
6 Datteln, entkernt
15 g Kokoschips
100 ml Ahornsirup
1 TL Himalayasalz
1 TL Vanilleextrakt
½ Limette
1 EL Proteinpulver
mit Vanillegeschmack
30 g Chia-Samen (nach
Belieben)

Topping:
Goji-Beeren
geschälte Hanfsamen
etwa 2 EL geröstete Pistazien
etwa 2 EL Kokoschips

Den Backofen auf 175 °C vorheizen. Die Mandeln, die Walnüsse, die Kürbiskerne und die Datteln im Mixer hacken, bis alles fein, aber nicht mehlig ist. In eine große Schüssel füllen, den Rest der Zutaten hinzufügen und gründlich mit den Händen kneten. Den Teig auf einem Bogen Backpapier zu einer gleichmäßigen 1 cm dicken Schicht verstreichen und 30 Minuten backen.

Das Topping daraufstreuen, sobald Sie das Blech aus dem Ofen genommen haben. Auskühlen lassen, auf ein Schneidebrett legen und in Stücke teilen.

feeling
cleansed

Reine und natürliche Detox-Mahlzeiten.
Genau das Richtige, wenn der Körper Entgiftung braucht.

Detox-Salat mit Blumenkohlcouscous

Ein farbenfroher und einfacher Salat aus reinigenden und nährstoffreichen Zutaten. Das Dressing verleiht ihm den letzten Schliff.

FÜR 1–2 PORTIONEN
¼ **Rotkohl**
3 **Grünkohlblätter**
1 **großes Mangoldblatt mit Stiel**
2 **Rote Beten**
4 **Blumenkohlröschen**
2 **große Radieschen**

Dressing:
2 **EL Zitronensaft**
2 **EL Olivenöl**
2 **TL geriebener Ingwer**
1 **TL flüssiger Honig**
Meersalz
schwarzer Pfeffer

Topping:
1 **EL geschälte Hanfsamen**
1 **Handvoll Radieschensprossen**

Für das Dressing Zitronensaft, Olivenöl, Ingwer, Honig, eine Prise Meersalz und etwas schwarzen Pfeffer in ein Glas mit Deckel geben, verschließen und kräftig schütteln.

Den Rotkohl, den Grünkohl, den Mangold und die Roten Beten in der Küchenmaschine oder mit einem Messer in feine Streifen schneiden. In eine große Schüssel füllen. Den Blumenkohl in der Küchenmaschine hacken, bis er wie Reis oder Couscous aussieht. Die Radieschen hobeln. Blumenkohl und Radieschen in den Salat mischen, das Dressing darübergießen und vermengen, sodass alles bedeckt ist.

Auf eine Platte geben und mit den Hanfsamen und den Sprossen bestreuen.

Reinigender Smoothie

Es gibt viele Kräuter, die sehr effektiv sind, wenn man durch die Ernährung eine reinigende Wirkung erzielen will. Die Mariendistel, mit der ich diesen Smoothie geboostet habe, ist vor allem für ihre schützende und stimulierende Wirkung auf die Leber bekannt. Ein wichtiger Bestandteil des Krauts ist Silymarin, eine Art Flavonoid, das dabei hilft, die Zellen der Leber vor Giften zu schützen.

FÜR 1 GLAS À 300 ML
1 reife Birne
1 Handvoll Spinat
½ Gurke, geschält
1 Zitrone, geschält
200 ml Kokoswasser
30 Tropfen Mariendistelextrakt
1 TL Olivenöl
1 Prise Meersalz
1 TL flüssiger Honig
(nach Belieben)

Alle Zutaten in den Mixer füllen und auf hoher Stufe etwa 1 Minute pürieren. Gekühlt servieren.

Karottenlimonade

Dass Zitrone zu den Lebensmitteln gehört, die der Entgiftung dienen, ist ja nichts Neues. Jeden Morgen ein Glas Zitronenwasser reinigt den Körper und hilft, Säuren abzubauen. Probieren Sie diese Limonade mit Zitrone, Karotte und Ananas. Sehr erfrischend!

FÜR 1 GLAS À 300 ML
3 unbehandelte Zitronen
¼ Ananas
3 Karotten
2 cm Ingwer

Die Zitronen waschen und aufschneiden. Wenn Sie mögen, die Schale ruhig dranlassen, denn gerade dort verstecken sich eine ganze Menge Nährstoffe. Ansonsten schälen.

Die Ananas schälen und in Stücke schneiden. Zitrone, Ananas, Karotten und Ingwer in den Entsafter geben. Den Saft anschließend mit 300 ml Wasser verdünnen und mit etwas Eis in einem Glas servieren.

Erdbeer-Gazpacho

Eine sommerliche Suppe, frisch und gesund,
mit dem gewissen Etwas. Schmeckt gekühlt am allerbesten.

FÜR 1–2 PORTIONEN
1 große Gurke
1 Paprikaschote
1 große Tomate
10 Erdbeeren
2 Knoblauchzehen
4 Basilikumblätter
1 Limette
Olivenöl
Chiliflocken
Meersalz und schwarzer Pfeffer

Topping:
Erdbeeren
Basilikum

Die Gurke dünn schälen und würfeln.
Paprika und Tomate grob würfeln. Das Gemüse mit den Erdbeeren, Knoblauch und
Basilikum in den Mixer geben. Eine halbe
Limette auspressen und den Saft zusammen
mit einem Spritzer Olivenöl dazugeben.
Alles glatt pürieren.

Die Gazpacho mit Chiliflocken, Meersalz,
schwarzem Pfeffer und falls nötig etwas
mehr Limettensaft abschmecken. Die Suppe in den Kühlschrank stellen, bis sie leicht
abgekühlt ist (der Mixer kann die Suppe
erwärmen). Mit Erdbeeren und Basilikum
garnieren.

Blaubeer-Bete-Saft

Blaubeeren gehören zum Besten, was sich in unseren Wäldern finden lässt. Für eine unglaublich leckere Radikalkur.

FÜR 1 GLAS À 500 ML
2 kleine Rote Beten
125 g Blaubeeren
1 Zitrone
1 cm Ingwer
200–300 ml Kokoswasser

Rote Beten, Blaubeeren, Zitrone und Ingwer entsaften. In ein Glas füllen und mit dem Kokoswasser verdünnen. Umrühren und mit Eiswürfeln und ein paar extra Blaubeeren servieren.

Lila Detox

Noch einmal Blaubeeren, aber hier tiefgekühlt in einem kalten, cremigen Detox-Smoothie.

**FÜR 1 GLAS
À 300 ML**
125 g gefrorene Blau-
beeren
15 g Minze
1 kleine Avocado
1 große Orange
1 EL Leinsamenschrot
ein paar Tropfen Stevia
(nach Belieben)
geschälte Hanfsamen
und Minzeblätter
zum Garnieren

Die Avocado und die Orange schälen. Alle Zutaten mit 50 ml Wasser in den Mixer geben, gründlich pürieren und in ein Glas füllen. Mit Hanfsamen und Minzeblättern servieren.

Moon Juice

Organic, raw, s
Custom organi

Open everyday
moonjuicesho

Ich laufe gerne früh am Morgen an der Rose Avenue entlang und tauche in das herrliche *Moon Juice* ab – ein toller Saftshop, der viel Spannendes zu bieten hat. Der Laden verströmt durch die Einrichtung in Blau und hellen Holztönen ein leicht skandinavisches Flair, um so eindrucksvoller wirkt vor diesem Hintergrund der Inhalt dieser ganzen Flaschen und Pulver. Außer den superleckeren Säften und der Nussmilch gibt es auch stärkende Tonics, Snacks, Kräuterelixiere sowie heilkräftige Pilze. Das stärkt nicht nur den Körper, sondern auch die Seele!

Moon
Juice

RAW + SPROUTED + 100% ORGANIC

TURMERIC COCONUT LIME
PEPITAS

pumpkin seeds, lime juice, turmeric,
coconut, curry, pink salt, chile flake
$4

2oz / 71g | moonjuiceshop.com
Made by Moon Juice In Los Angeles, CA

GOOD
NIGHT
TONIC

SPIRIT
TONIC

RAW + 100% ORGANIC

ACTIVE FERMENTED
BURDOCK, DAIKON &
JALAPENO

green cabbage, dandelion, burdock root,
daikon, lime, pink salt, jalapeño, chloroxygen
$11

15oz / 425g | moonjuiceshop.com
Made by Moon Juice In Los Angeles, CA

Kräuter-Shot

Chlorella, eine richtige Superalge, wirkt reinigend
und ist reich an Proteinen. Zitrone und Pfefferminze sorgen
für guten Geschmack. Prost!

FÜR 1 GLAS À 60 ML
50 ml Kokoswasser
2 EL Zitronensaft
1 TL Chlorella
½ TL Pfefferminzextrakt

Alle Zutaten in einem Glas
mit Deckel mischen. Ver-
schließen und gut schütteln,
dann eingießen – und auf
Ex!

Chaga Latte

Auch hier steckt eine richtige Superzutat drin:
Chaga (der Schiefe Schillerporling) ist der König unter den heilkräftigen Pilzen
und soll das Immunsystem stärken.

FÜR 2 TASSEN À 250 ML
500 ml Mandelmilch
1 Zimtstange
2 Sternanis
1 TL Chaga-Pulver

In einem Topf die Milch mit den übrigen Zutaten bei niedriger Temperatur etwa 10 Minuten sieden lassen. Durch ein Sieb in Tassen gießen.

Topanga Fresh

TOPANGA CANYON

Ganz weit oben, zwischen nebelverhangenen Bergen, liegt ein kleiner Ort mit Hippie-Flair, wo Susan eine sensationelle Grünkohlsuppe serviert.

FLYING BIRD BOTANICALS

DREAM CATCHER™

A nighttime treat for dreamers

Supports relaxation + restful sleep*

HERBAL TEA SUPPLEMENT
CAFFEINE-FREE

15 PYRAMIDAL BAGS

NET WT 1.06 OZ (30 G)

FARM & F

Herbal goodness from farm + forest

15 PYRAMIDAL BAGS

HERBAL

Topanga Fresh Market & Café

Ich stehe mit Kochmütze und Schürze bekleidet in der kleinen Küche des *Topanga Fresh* und halte die Kelle im Anschlag. Heute wird Susan Sulami, eine der Besitzerinnen, mir nämlich zeigen, wie man eine sensationelle Gesundheitssuppe zubereitet.

Hoch oben in den Bergen, im kleinen Hippiedorf Topanga Canyon, liegt das Café mit einem kleinen, angegliederten Laden. Es ist einer meiner Lieblinge. Die meditative Stimmung, die leckeren, biologischen Säfte sowie das Angebot an interessanten Gesundheitsgetränken locken mich her.

»Wir wollten hier einen gemütlichen Treffpunkt für die Bewohner von Topanga schaffen. Ein Ort, an dem man einkehren und eine Suppe essen kann – meiner Meinung nach das Gesündeste, das man überhaupt zu sich nehmen kann«, verrät Susan. »Es ist der einzige Laden hier in der Nähe, der selbst gemachte Speisen aus besten biologischen Zutaten serviert, dazu Säfte und Smoothies. Wir verwenden so weit wie möglich regional Angebautes. In Topanga ist den Menschen wichtig, wie sie essen und wo das Essen herkommt.«

Was ist ihr besonders wichtig im Hinblick auf Essen und Gesundheit?

»Unsere Gesundheit hängt vor allem davon ab, was wir essen, aber auch von unserer inneren Einstellung und davon, was wir mit unserem Körper anstellen. Wenn wir auf biologisch angebaute Produkte Wert legen, bedeutet das, dass wir

Instagram: @topangafresh

uns Gedanken über unser Wohlbefinden machen. Im Café achten wir darauf, keine Lebensmittel wegzuwerfen. Übrig gebliebene Stiele und Blätter geben wir in den Entsafter. Wir brauchen so wenig zum Leben, aber Essen gehört unbedingt dazu, deshalb sollte es mit Liebe zubereitet werden«, erklärt Susan.

Und was ist ihr bestes Gesundheitselixier?

»Ein Power-Shot, eine Mischung aus Hibiskusblüte, Kurkuma, Honig und Ingwer. Wenn ich den trinke, geht es mir großartig. Wir haben auch einen sogenannten *face melter*, einen Shot aus Zitrone, Oregano, Cayennepfeffer und Ingwer. Da tränen einem die Augen, aber er gibt der Vitalität einen ganz unglaublichen Kick.«

Und was hält sie für den nächsten Gesundheitstrend?

»Es wird noch mehr gutes und natürliches Essen auf unseren Tellern geben. Wir wollen noch weiter zurück zur Natur und die ganze Pflanze essen, von der Wurzel bis zur Blüte.«

Heilende Grünkohlsuppe

FÜR 1 GROSSE PORTION
2 EL gehackte Zwiebel
Olivenöl zum Braten
4 Knoblauchzehen, geschält
2 Tomaten, gewürfelt
2 große Grünkohlblätter,
in 1 cm große Stücke gehackt,
Blattrippen entfernt
2 EL Zitronensaft
4 TL Ingwersaft oder etwas
frischen Ingwer in Scheiben
½ Gemüse-Brühwürfel
Meersalz
Chiliflocken (nach Belieben)

Die Zwiebel in einem großen Topf in Olivenöl einige Minuten anbraten. Die ganzen Knoblauchzehen dazugeben und einige Minuten brutzeln lassen. Tomaten, Grünkohl, Brühwürfel, Zitronensaft und Ingwer hinzufügen und einige Minuten erhitzen. 500 ml Wasser dazugießen und köcheln lassen, bis der Grünkohl weich ist. Mit Meersalz abschmecken. Wenn Sie die Suppe schärfer mögen, etwas mehr Ingwer und eventuell ein paar Chiliflocken zugeben.

ALL
PRODUCE IS
ORGANIC

»Diese Suppe habe ich zum ersten Mal
für einen Freund zubereitet, als er
krank war. Ich habe nur die gesündes-
ten und nahrhaftesten Zutaten verwendet. Selbstverständlich kann man
sie auch essen, wenn man nicht krank
ist, zur Vorbeugung.«/ Susan

❀ SOUP PRICES ❀
ORGANIC
SMALL............❀ $3.95
MEDIUM...........❀ $7.50
LARGE............❀ $12.50

feeling
sweet

Verführerisch gut und etwas gesünder.
Für alle, die gern mal naschen.

Salzige Karamellcreme

Wenn Sie die Geschmacksrichtung *salty caramel* mögen, wird das garantiert Ihr neuer Favorit. Spielend leicht in der Zubereitung, dabei unglaublich lecker, herrlich cremig und gesund. Supergut mit Apfelschnitzen zum Dippen.

FÜR ETWA 300 GRAMM
100 g Mandelmus
100 ml Kokosöl
100 ml Ahornsirup oder
flüssiger Honig
1 TL Vanilleextrakt
1 Messerspitze Meersalz
einige Spritzer Zitronensaft

Alle Zutaten in den Mixer füllen und 3–4 Minuten durchrühren lassen. Die fertige Creme in ein Schraubglas füllen.

Erdbeer-Rhabarber-Crumble

Anstelle von Erdbeeren und Rhabarber
können Sie natürlich auch Ihre Lieblingsbeeren
und Steinobst verwenden.

FÜR 4 PORTIONEN

Streusel:

65 g gehackte Mandeln
45 g Haferflocken
30 g Mandelmehl
1 EL Kokosmehl
1 EL Kokoszucker
1 Messerspitze Backpulver
1 TL Zimt
einige Tropfen Vanilleextrakt
50 ml Kokosöl
1 Prise Meersalz

Füllung:

500 g Erdbeeren und Rhabarber
½ TL Chia-Samen
½ TL Zimt
½ EL Kokoszucker

Den Backofen auf 200 °C vorheizen. Für die Streusel alle trockenen Zutaten mischen. Vanilleextrakt und Kokosöl hinzufügen und mit den Händen gründlich zu einem krümeligen Teig kneten.

Die Erdbeeren halbieren, den Rhabarber in 1 cm große Stücke schneiden. Alle Zutaten für die Füllung in eine Schüssel geben. Eine ofenfeste Form mit dem Kokosöl fetten und die Füllung hineingeben. Die Streusel gleichmäßig darauf verteilen und den Crumble 20–25 Minuten backen, bis die Streusel goldbraun sind. Kurz abkühlen lassen und mit Sahne oder Vanilleeis servieren.

Heuhaufen

Füllen Sie Ihr Gefrierfach mit diesen Keksen. Perfekt, wenn man am Nachmittag Lust auf etwas Süßes bekommt. Wer einen Dörrautomaten besitzt, kann ihn hier verwenden, denn die Kekse werden eher getrocknet als gebacken.

FÜR ETWA 30 STÜCK
200 g Kokosraspel
175 ml Agavendicksaft
oder Ahornsirup
50 ml Kokosöl
1 Messerspitze Meersalz

100 g reines Kakaopulver
(für dunkle Heuhaufen)

oder 100 g Mandelmehl
(für helle Heuhaufen)

Den Backofen auf 50 °C vorheizen. Alle Zutaten in eine Schüssel füllen und gut mischen. Wenn Sie eine Hälfte dunkle und eine Hälfte helle Heuhaufen machen möchten, den Teig teilen und unter eine Hälfte die halbe Menge des Kakaopulvers, unter die andere Hälfte die halbe Menge des Mandelmehls mischen.

Zwei Bleche mit Backpapier auslegen. Mit einem Esslöffel oder in den Händen kleine Kugeln aus dem Teig formen und auf den Blechen verteilen. Kühl stellen, wenn Sie die Hände verwenden. 14–16 Stunden im Ofen trocknen, bis die Kekse außen fest sind. Ab und zu die Ofentür öffnen, damit Feuchtigkeit abziehen kann. Die Kekse herausnehmen und abkühlen lassen. Super zu einer Tasse Tee!

Schokotäfelchen mit Pistaziensplittern

Hauchdünne Täfelchen mit Pfefferminze,
Meersalz und Pistazien. Greifen Sie zu!

FÜR ETWA 200 GRAMM
1–2 EL Pistazien
100 g Kakaobutter
3 EL Kokoszucker
7 EL reines Kakaopulver
1 Messerspitze Meersalz
einige Tropfen Pfefferminz-
extrakt

Weitere Vorschläge
für das Topping:
rosa Pfeffer
Goji-Beeren
Haselnüsse
Kokosraspel
Erdnüsse

Die Pistazien hacken und zur Seite stellen. Die Kakaobutter über einem Wasserbad schmelzen. In eine Schüssel füllen und den Kokoszucker, das Kakaopulver, das Meersalz und den Pfefferminzextrakt hinzufügen. Lange und gründlich rühren, bis eine glatte Schokoladenmasse entstanden ist.

Die Masse dünn auf einem Bogen Backpapier verteilen und mit den Pistazien (oder Ihrem Lieblingstopping) und 1 Prise Meersalz bestreuen. Im Gefrierfach 10–15 Minuten fest werden lassen. In Stücke brechen und servieren. Reste im Kühlschrank aufbewahren.

143

Lieblingsplatz

What are you grateful for?

Café
Gratitude

Einen Ort wie diesen in der Nähe zu haben, ist eine große Versuchung. Hier gibt es nicht nur das beste vegane Essen von Venice, sondern auch eine ganz erlesene Dessertkarte. Wer Lust hat, eine Key-Lime-Pie aus Zutaten zu probieren, die den Körper zum Jubeln bringen, ist hier genau richtig. Es gibt keine bessere. Sie besteht aus Cashew-Kokosnuss-Baiser mit Avocado und Limette sowie Pekan- und Macadamianüssen und schmeckt himmlisch. Manchmal genieße ich schon zum Frühstück ein Stück davon.

Kombuchasorbet

Drei Zutaten, das ist alles! Dieses erfrischende Sorbet schmeckt wunderbar zu Beeren oder einfach pur.

FÜR ETWA 1 LITER
350 g gefrorene Mango
400 ml Kombucha
2 EL Honig

Die Mango im Mixer mit Kombucha und Honig fein pürieren. In eine flache Form füllen und für 1 Stunde ins Gefrierfach stellen.

Das Sorbet aus der Form löffeln und wieder in den Mixer geben. Auf mittlerer Stufe einige Sekunden durchmixen. Zurück in die Form füllen und etwa 1 weitere Stunde tiefkühlen. Für die perfekte Konsistenz vor dem Servieren 10–20 Minuten antauen lassen.

Bananensushi à la Marley

Eine einfache und lustige Erfindung von Ziggy Marley:
Banane in Mandelmus und proteinreichen Hanfsamen gewendet.
Gut als Zwischenmahlzeit oder als Dessert.

FÜR 2 BANANEN
2 Bananen
Mandelmus
geschälte Hanfsamen

Die geschälten Bananen rundherum mit
Mandelmus bestreichen. Die Hanfsamen
auf einen Teller geben und die Bananen vorsichtig darin wenden, sodass sie rundum mit
Samen bedeckt sind. In 1 cm dicke Scheiben schneiden und servieren. Wenn Sie das
Bananensushi vor dem Servieren noch eine
Weile kühlen, schmeckt es umso besser.

Geeiste Trauben

Das einfachste Dessert der Welt, so eine Art Sorbet in Bonbon-Form.
Diese eisigen Weintrauben sind nicht nur total lecker, sondern
auch ungeheuer gesund, denn sie enthalten zum Beispiel das Antioxidans
Resveratrol, das jung halten soll.

Eine schöne Traube mit dunklen Beeren kaufen, auf einen
frostfesten Teller oder eine andere Unterlage legen und tiefkühlen,
bis die Beeren vollständig gefroren sind. Herausnehmen
und pur genießen.

Suzanne Hall ist Chefredakteurin von The Chalk Board, einem Internet-Magazin, das sich mit Gesundheitsthemen beschäftigt. Sie lädt uns zu Schokoladentrüffeln ein.

A STUDY IN LIVING WELL

THE CHALK BOARD

— by —

PRESSED JUICERY

EST. 2011

The Chalkboard

SANTA MONICA

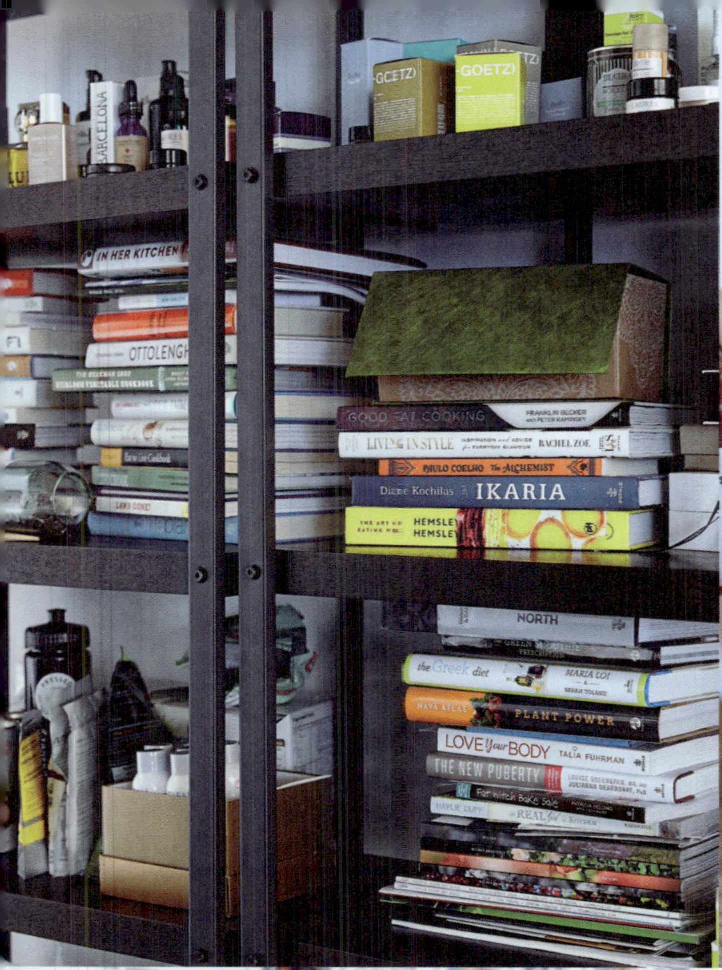
IN HER KITCHEN
GOETZ
FRANKLIN BECKER
RACHEL ZOE
PAULO COELHO The Alchemist
Diane Kochilas
IKARIA
HEMSLEY
NORTH
the Greek diet
MARIA LOI
PLANT POWER
LOVE Your BODY
TALIA FUHRMAN
THE NEW PUBERTY

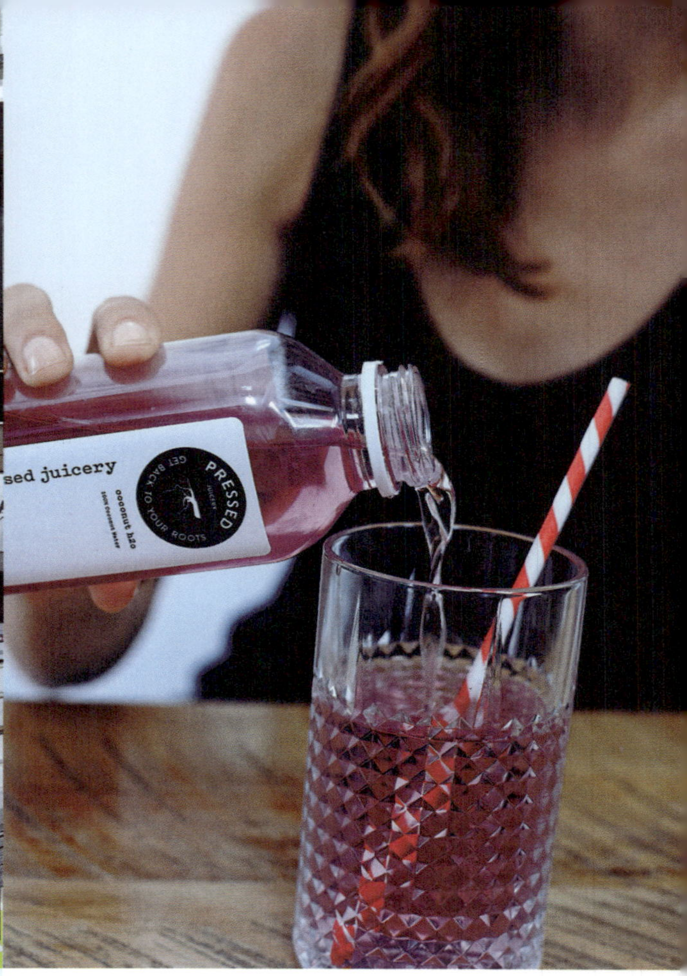
PRESSED
GET BACK TO YOUR ROOTS

365
ORGANIC
GRADE A
Maple Syrup
TRADER JOE'S
Premier

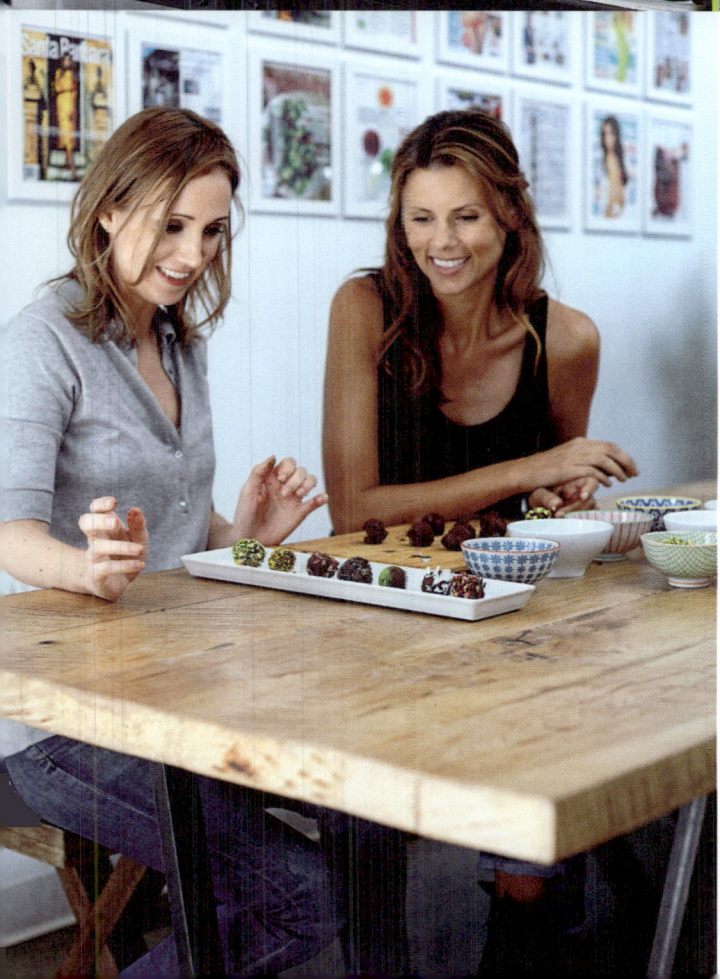

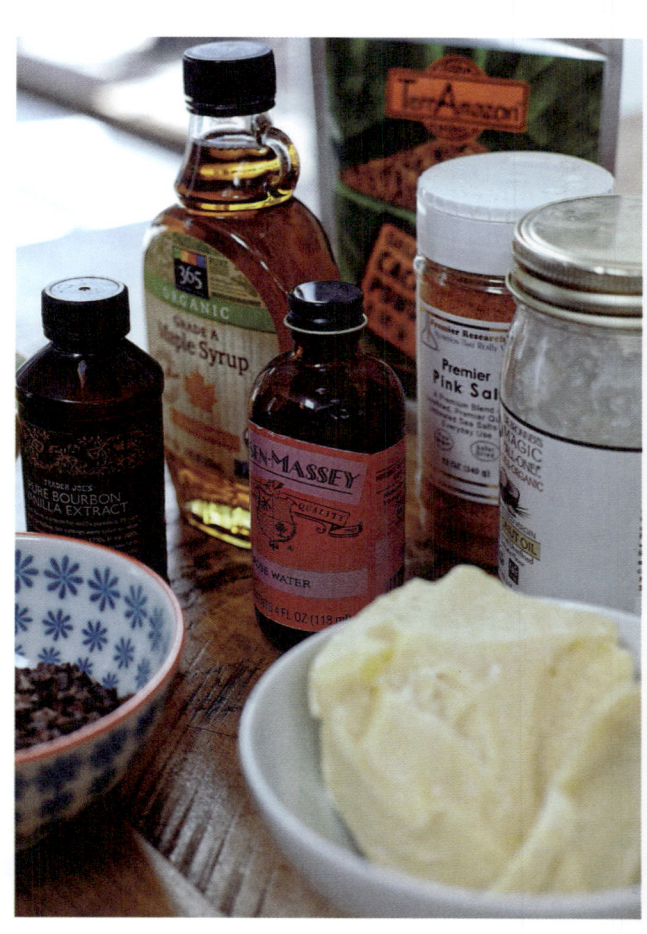

Instagram: @chalkboardmag

The Chalkboard Magazine

Suzanne Hall ist der inspirierende Kopf hinter dem Internet-Magazin *thechalkboardmag.com* – einer Quelle der Weisheit für alles, was mit Wellness zu tun hat. Wir befinden uns in den schönen, hellen Räumen der Redaktion in Santa Monica, um Rosentrüffel zu rollen, Rosenwasser zu trinken und über Gesundheit zu sprechen. Aber zuerst möchte ich wissen, wie das Magazin entstanden ist.

»Wir nennen es *a study in living well*. Auch wenn wir hier in der Redaktion große Wellness-Nerds sind, interessieren wir uns genauso leidenschaftlich für tolles Design, Kultur und Mode und nicht zuletzt für gutes Essen. Wir wollten all diese Themen unter ein Dach bringen. Das Magazin wird von Pressed Juicery herausgegeben, dem führenden Safthersteller in LA. Urspünglich wollten wir nur den Kunden praktische Informationen an die Hand geben, sind damit aber schnell zu einem Treffpunkt für alle geworden, die Inspirationen für ein gesünderes Leben suchen«, verrät Suzanne.

Und was genau bedeutet *living well* für sie?

»Ein gutes Leben zu führen bedeutet, dass es eine Balance gibt. Die Gesundheit zu pflegen, Sport zu treiben und über Nachhaltigkeit nachzudenken – das gehört für mich zum guten Leben.«

Hast sie mit *The Chalkboard* ihre Ziele erreicht?

»Jeder Tag ist noch immer voller neuer Entdeckungen – egal ob es sich um ein Interview mit einem Gesundheits-Guru oder das neueste Superfood handelt. In der wachsenden Wellnessbranche muss man natürlich jederzeit genau wissen, was der nächste Schritt ist«, verrät Suzanne.

Und was bedeuten ihr selbst Gesundheit und Wellness?

»Ich achte auf natürliche Lebensmittel und entscheide mich gegen synthetische und schädliche Inhaltsstoffe. Der Schlüssel zur Gesundheit ist, auf den eigenen Körper zu hören. Ich weiß, dass ich Unmengen an Grünzeug und Säften brauche. Ich dehne mich oft und trainiere meine Kondition. Aber obwohl ich viel Gemüse esse, bin ich keine Vegetarierin. Ich glaube an den Wert traditioneller Lebensmittel, wie mageres Fleisch und Eier von frei laufenden Hühnern. Und auch Stressbewältigung ist sehr wichtig.«

Was wird ihrer Meinung nach der nächste große Gesundheitstrend in LA?

»Gesundheitssuppen, fermentierte Lebensmittel sowie zunehmendes Interesse für Nahrungsergänzungsmittel.«

Heute rollen wir Rosentrüffel, aber was ist ihre Lieblingssüßigkeit?

»Ich liebe Schokolade. Und Kaffee. Beides ist gut für die Gesundheit, solange man nicht übertreibt.«

Diese Trüffel waren übrigens ganz einfach herzustellen. Ich glaube, wir haben immer einen gerollt, einen gegessen, einen gerollt, einen gegessen – *chef's privilege* nennt man das wohl.

Diese Trüffel sehen beeindruckend aus, sind aber ganz einfach zuzubereiten. Ein paar Minuten im Mixer, eine Weile im Kühlschrank und schon sind sie bereit zum Garnieren und Genießen.

Schokotrüffel

FÜR ETWA 20 STÜCK
120 g reines Kakaopulver
175 ml Ahornsirup
1 TL Vanilleextrakt
1 TL Rosenwasser
etwa 250 ml zerlassene Kakao-butter
100–150 ml Kokosöl

Topping:
je 3 EL Kakao-Nibs, Matcha-pulver, gehackte Pistazien, Kokosraspel, Bienenpollen, getrocknete Rosenblätter

Kakaopulver, Ahornsirup, Vanilleextrakt und Rosenwasser im Mixer zu einer glatten Masse verarbeiten. Die Kakaobutter und das Kokosöl unterrühren. Die Masse in eine Schüssel füllen und im Kühlschrank 15–30 Minuten abkühlen lassen. Mit einem Eisportionierer kleine Kugeln, etwa 2 EL, aus der Masse formen. Das Topping auf Teller verteilen und die Trüffel darin rollen.

feeling
celebrated

Party Food
*für lebendige Körper
und glückliche Seelen.*

Rosmarin-Popcorn

Machen Sie Ihr Party-Popcorn mit frischem Rosmarin
und etwas Kokosöl noch »poppiger«.

FÜR 1 SCHÜSSEL
70 g Popcorn-Mais
2 EL fein gehackter Rosmarin
2 EL Kokosöl
Meersalz

Topping:
1 EL Kokosöl
1 EL gehackter Rosmarin

Das Kokosöl in einem breiten Topf erhitzen. Mais und Rosmarin darin verteilen. Einen Deckel auflegen und den Topf schütteln, bis alle Körner aufgeplatzt sind. In eine Schüssel füllen und mit Meersalz würzen. Für das Topping das Öl erhitzen, den Rosmarin hinzufügen. Über das Popcorn gießen, mischen und servieren.

Salbei-Chips

Grünkohlchips in Ehren, aber diese knusprigen kleinen
Blätter sind richtig tolles Party Food.

FÜR 1 SCHÜSSEL
Olivenöl
2 Bund frischer Salbei,
(vorzugsweise großblättrig)
Meersalz

Etwas Olivenöl in einer Pfanne erhitzen und die Salbeiblätter hineingeben, portionsweise, falls nötig. Mit Meersalz bestreuen und braten, bis sich die Blätter wellen, dann wenden. Wenn sie knusprig wirken, sofort mit einer Zange herausnehmen und auf Küchenpapier abtropfen lassen. Die Chips auf einem Teller anrichten und mit etwas Salz abschmecken.

Kombucha & Sekt

Wer hat denn behauptet, dass Kombucha, das Gesundheitsgetränk, das ein langes Leben und Vitalität verspricht, nicht auch zum Feiern taugt? Prost!

FÜR 8 GLÄSER
**1 Flasche Sekt oder Prosecco
1 Flasche Kombucha mit Ingwergeschmack
Granatapfelkerne**

Ein Sektglas zur Hälfte mit Blubberwasser füllen und mit Kombucha aufgießen. Mit Granatapfelkernen garnieren.

Würzige Mangosuppe

Servieren Sie diese cremige Suppe in Gläsern,
dann kommt die Farbe gut zur Geltung.
Das Topping verleiht ihr den letzten Schliff.

FÜR 4 PORTIONEN
6 kleine reife Mangos
2 große Frühlingszwiebeln,
gehackt (ohne Grün)
½–1 Chilischote, fein gehackt
Saft von 3 Limetten
3–4 TL geriebener Ingwer

Topping:
Minzeblätter
Koriander
Kokoschips
geschälte Hanfsamen

Die Mangos schälen, das Fruchtfleisch grob würfeln. Alle Zutaten im Mixer mit 600 ml Wasser pürieren, bis die Suppe glatt und cremig ist. Falls nötig, portionsweise arbeiten, damit der Mixer nicht zu voll wird. Die Suppe vor dem Servieren kühl stellen.

Die Suppe in Gläsern anrichten und mit den Kräutern, den Kokoschips und den Hanfsamen garnieren.

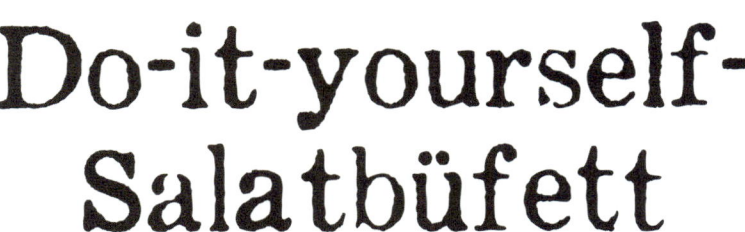

Do-it-yourself-Salatbüfett

Das Schönste an jeder Feier ist doch das Büfett – jeder kann sich nehmen, was er am liebsten mag. Bieten Sie möglichst viele frische saisonale Zutaten an, das schmeckt gut und ist positiv für die Nährstoffbilanz. Rechnen Sie etwa 1 Handvoll / 1 EL pro Zutat und Person.

FÜR 4 PORTIONEN
je 4 Handvoll
Karotten (möglichst in verschiedenen Farben), Babyspinat, Mangold, Edamame-Bohnen, Radieschen, Chicorée, Tomaten

je 4 EL
Erdnüsse, Sprossen, Granatapfelkerne, Manchego, Ziegenkäse

Topping:
Kürbiskerne
helle Rosinen

Zitronen-Thymian-Dressing und Hummus (Rezept siehe Seite 169)

Alle Zutaten putzen und in passende Stücke teilen oder in Scheiben schneiden, dann in kleinen Schüsseln anrichten.

Zitronen-Thymian-Dressing

FÜR 4 PORTIONEN
2 Zitronen
1 TL gehackter Thymian
1 Messerspitze Chiliflocken
6 EL Olivenöl
Meersalz und schwarzer Pfeffer

Eine Zitrone schälen, hacken und in eine Schüssel geben. Den Saft der zweiten Zitrone darüberpressen. Thymian, Chiliflocken und Olivenöl unterrühren. Mit Meersalz und schwarzem Pfeffer abschmecken.

Hummus

FÜR 4 PORTIONEN
1 Dose (400 g) Kichererbsen
2 Knoblauchzehen
2 EL Tahin (Sesammus)
2 EL Zitronensaft
(nach Geschmack auch mehr)
2 EL Olivenöl
1 TL Kreuzkümmel
(nach Geschmack auch mehr)
Meersalz und schwarzer Pfeffer
Korianderblätter zum Garnieren

Die Kichererbsen abspülen und abtropfen lassen. Den Knoblauch hacken. Alle Zutaten im Mixer zu einer glatten, cremigen Paste pürieren. Nach Geschmack salzen und pfeffern. Etwas Wasser hinzufügen, wenn Sie eine flüssigere Konsistenz bevorzugen. Das Hummus in eine Schüssel füllen, mit etwas Olivenöl beträufeln, mit Koriander und schwarzem Pfeffer bestreuen.

Zitronen-Thymian-Dressing und Hummus passen gut zum Do-it-yourself-Salatbüfett auf Seite 167.

Quinoanuggets

Die knusprigen, proteinreichen Nuggets sind die perfekte Ergänzung zum Salatbüfett.

FÜR ETWA 30 NUGGETS
130 g weiße Quinoa
200 g blanchierte Erbsen
60 g Reismehl
60 g geriebener Parmesan
2 EL Tahin (Sesammus)
4 EL krause Petersilie
abgeriebene Schale von
1 unbehandelten Zitrone
Meersalz und schwarzer Pfeffer
Butter und/oder Öl zum Braten

Dekoration:
Erbsensprossen

Die Quinoa gründlich waschen, mit 300 ml Wasser in einen mittelgroßen Topf füllen und zum Kochen bringen. Die Temperatur reduzieren, die Quinoa zugedeckt bei niedriger Temperatur 10 Minuten köcheln lassen. Bei Bedarf mehr Wasser hinzufügen. Den Topf von der Kochstelle nehmen und die Quinoa im geschlossenen Topf noch 5 Minuten quellen lassen. Den Deckel herunternehmen und abkühlen lassen.

Die Erbsen, das Reismehl, den Parmesan, das Tahin, die Petersilie, die Zitronenschale, Salz und Pfeffer sowie die Hälfte der Quinoa im Mixer zu einer körnigen Masse hacken. In eine Schüssel füllen und von Hand mit der restlichen Quinoa mischen. Nach Bedarf mehr Reismehl oder Parmesan hinzufügen. Kühl stellen, damit die Masse fest wird.

Mit angefeuchteten Händen aus der Masse kleine Kugeln rollen. Am besten noch einmal kurz in den Kühlschrank oder ins Gefrierfach stellen.

In einer Pfanne das Bratfett bei mittlerer Temperatur erhitzen. Die Kugeln darin braten, bis sie etwas Farbe bekommen haben. Sie sollen nicht durchgebraten werden. In einer Schüssel anrichten, mit den Erbsensprossen dekorieren und servieren.

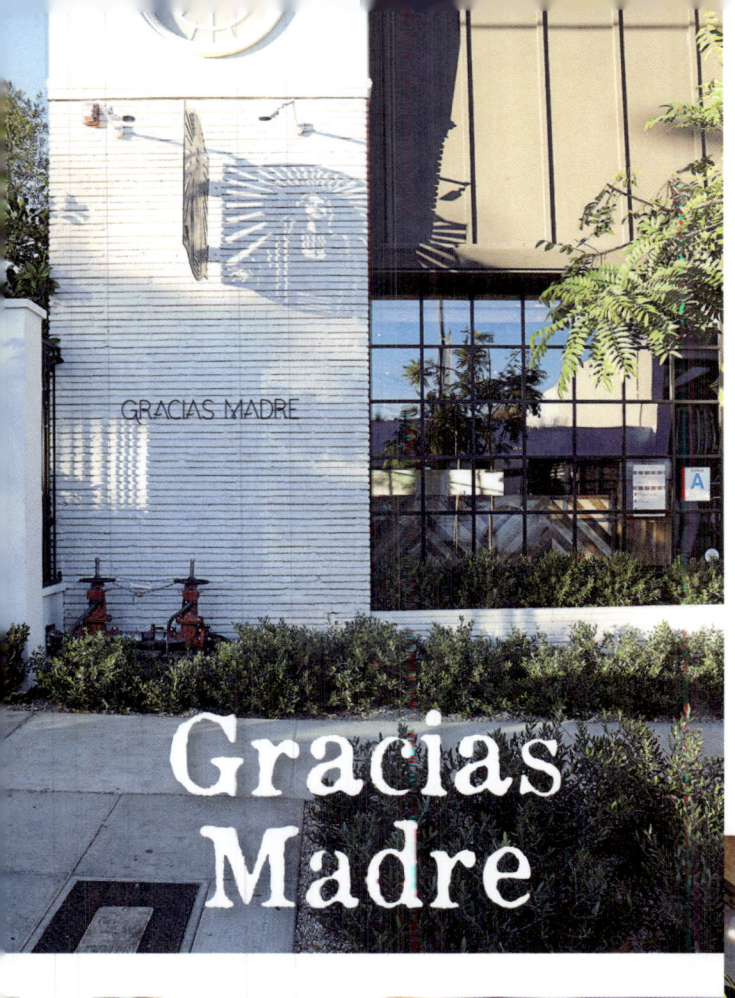

Gracias Madre

Das *Gracias Madre* ist eine tolle Location zum Feiern oder für ein ausgedehntes Mittagessen mit Freunden. Es bietet Margaritas, grüne Säfte und traditionelle mexikanische Küche an, und das alles rein pflanzlich … Was halten Sie von Veggie-Tacos, Nachos, Tostadas, Mole und leckeren Salaten? Ich suche mir etwas von der reichhaltigen Speisekarte aus und genieße es im superschicken Ambiente hier im Herzen von West Hollywood. *Muchas gracias!*

Raw Lemon Cheesecake

Ein unwiderstehlicher Kuchen für einen besonderen Anlass.

FÜR ETWA 12 STÜCKE

Boden:
330 g Mandeln,
etwa 2 Stunden gewässert
65 g Datteln
20 g Kokosraspel

Füllung:
450 g Cashewkerne,
über Nacht gewässert
8 EL Kokosöl, zerlassen
200 ml Honig
200 ml Zitronensaft
abgeriebene Schale von
2 unbehandelten Zitronen
1 TL Vanilleextrakt
½ TL Meersalz
Stevia (nach Belieben)

Topping:
125 g Blaubeeren
abgeriebene Schale
von 2 unbehandelten Limetten
einige Minzeblätter

Mit dem Boden beginnen: Die Mandeln, die Datteln und die Kokosraspel im Mixer zerkleinern. Hacken, bis eine körnige Masse entsteht, die zusammenhält, ohne zu nass oder trocken zu sein. In eine flache Springform mit etwa 23 cm Durchmesser füllen.

Die Cashewkerne abspülen, abtropfen lassen und in den Mixer füllen. Das Kokosöl, den Honig, den Zitronensaft, die Zitronenschale, den Vanilleextrakt und das Meersalz hinzufügen und gründlich pürieren. Abschmecken und nach Belieben etwas Stevia hinzufügen.

Die Füllung gleichmäßig auf dem Boden verteilen. Die Form für einige Stunden ins Gefrierfach stellen. Mit Blaubeeren, Limettenschale und Minze garnieren. Wenn Sie die Blaubeeren leicht gefrostet bevorzugen, den Cheesecake vor dem Servieren noch kurz ins Gefrierfach stellen. In Stücke schneiden und genießen.

M.A.K.E.

SANTA MONICA

Bei Matthew und Scott, im besten
raw food fine dining restaurant
der Stadt, kommt ausschließlich
Pflanzliches auf den Teller.

Instagram:
@matthewkinneycuisine

M.A.K.E.

Matthew ist der Kerl, der mit dem Skateboard an den Zäunen von Venice vorübergleitet, wenn es ihn nicht gerade in alle Ecken der Welt verschlägt. Er ist ein Star der Raw-Food-Szene und hat schon mehrere Bücher herausgebracht, Kochschulen in Thailand und Miami gegründet und gerade erst das *Plant Food & Wine* am Abbot Kinney Boulevard in Venice eröffnet.

Scott Winegard ist Matthews rechte Hand. Seit er die New Yorker Punkrock-Szene gegen den Bauernmarkt von Santa Monica getauscht hat, arbeitet er hier als Koch. Zusammen bilden sie ein erfolgreiches Team, das aus pflanzlichen Zutaten Geschmackssensationen kreiert, die ihresgleichen suchen.

Scott würfelt einen Salat zusammen, während ich ihm über die Schulter schaue. Am liebsten lässt der Koch seiner Kreativität freien Lauf und holt sich Inspiration von den Zutaten. Ich möchte wissen, was ihm bei seiner Arbeit am wichtigsten ist.

»Die frischesten, regional angebauten Zutaten zu finden – das ist immer das Allerwichtigste. Außerdem macht die Arbeit damit am meisten Spaß. Ich hoffe, dieses Jahr noch weiter in die Natur eintauchen zu können, um neue Entdeckungen in die Küche zu bringen«, verrät Scott.

Entdeckungen wie neue Kräuter oder interessante Wurzeln kennzeichnen die Küche des *M.A.K.E.* Geschmackskombinationen, von denen man nicht geglaubt hätte, dass sie möglich sind, bringen Raw Food auf ein ganz neues Niveau. Ich setze mich eine Weile zu Matthew und darf Kimchi-Klößchen mit Ingwerschaum und Käse auf Nussbasis kosten.

»Das größte Missverständnis in Bezug auf Raw Food besteht darin, dass die Leute glauben, man könne nur Salat essen«, meint Matthew. Und auf welches Gericht der Speisekarte ist er besonders stolz?

»Die Speisekarte verändert sich mit den Jahreszeiten, aber im Sommer begeistern mich die alten Tomatensorten. Außerdem finde ich unseren Käseteller noch immer beeindruckend.«

Der Salat, den Scott schließlich serviert, besteht aus tagesfrischem Radicchio und Granatapfel. Die Früchte stammen von einem Baum, der in der Straße in Venice wächst, in der er wohnt. Sein Tipp für alle, die neugierig auf Raw Food sind: Hochwertige Zutaten kaufen, klein anfangen und den Spaß nicht verlieren!

M.A.K.Es Radicchiosalat

Als Vorspeise oder für ein Büfett.

FÜR 4 PORTIONEN
2 mittelgroße Radicchio
3 Avocados
1 gestreifte Rote Bete
(Tondo di Chioggia)
120 g Granatapfelkerne
130 g Mandeln

Dressing:
50 ml Zitronensaft
100 ml Olivenöl
1 TL Meersalz

Den Radicchio in acht Spalten schneiden, sodass der Strunk die Blätter zusammenhält. Die Avocados schälen und würfeln. Die Rote Bete schälen und in kleine Stücke schneiden. Die Zutaten für das Dressing mischen.

Radicchio, Granatapfelkerne und Mandeln vorsichtig mit der Hälfte des Dressings mischen. Die Radicchiospalten dabei nicht beschädigen, aber dafür sorgen, dass das Dressing auch zwischen die Blätter läuft.

Den Radicchio auf einer Platte anrichten und die Granatapfelkerne rundum verteilen. Avocadowürfel, Mandeln und Rote Bete dazugeben. Den Rest des Dressings über den Salat löffeln, mit einer Prise Meersalz bestreuen und servieren.

Register

Produktmanagement: Doreen Wolff
Übersetzung aus dem Schwedischen: Jenny-Anne von Rußdorf
Textredaktion: Carmen Söntgerath
Korrektur: Susanne Langer
Satz: Carmen Söntgerath
Umschlaggestaltung: ZERO Werbeagentur, München

Alle Fotos stammen von Stephanie Bjelkstam.

Gesamtherstellung Verlagshaus GeraNova Bruckmann GmbH

★ ★ ★ ★ ★

Sind Sie mit diesem Titel zufrieden? Dann würden wir uns über Ihre Weiter-
empfehlung freuen. Erzählen Sie es im Freundeskreis, berichten Sie Ihrem
Buchhändler, oder bewerten Sie bei Onlinekauf. Und wenn Sie Kritik, Korrekturen,
Aktualisierungen haben, freuen wir uns über Ihre Nachricht an:
Christian Verlag, Postfach 40 02 09, D-80702 München oder
per E-Mail an lektorat@verlagshaus.de.

Unser komplettes Programm finden Sie unter 🌐 www.christian-verlag.de

Alle Angaben dieses Werkes wurden von der Autorin sorgfältig recherchiert und auf den
neuesten Stand gebracht sowie vom Verlag geprüft. Für die Richtigkeit der Angaben kann
jedoch keine Haftung übernommen werden.

Die Deutsche Nationalbibliothek verzeichnet diese Publikation in der Deutschen National-
bibliografie; detaillierte bibliografische Daten sind im Internet über http://dnb.d-nb.de abrufbar.

Copyright © 2016 für die deutschsprachige Ausgabe: Christian Verlag GmbH, München

Die Originalausgabe mit dem Titel *Superhälsa* wurde erstmals 2015 im Verlag Norstedts
Schweden, mit Genehmigung der Norstedts Agency veröffentlicht.

Copyright © 2015 für den Text: Marita Karlson
Copyright © 2015 für die Fotos: Stephanie Bjelkstam
Copyright © 2015 für Graphik und Gestaltung: Stephanie Bjelkstam und Marita Karlson

Alle deutschsprachigen Rechte vorbehalten.

ISBN 978-3-86244-970-5

Danke!

Wir bedanken uns herzlich bei all den fantastischen Mitarbeitern und den Gästen unserer Lieblingslokale sowie bei allen anderen wunderbaren Menschen, die uns bei der Arbeit an diesem Buch geholfen haben.

Norstedts förlag
Ebba Östberg
Gabriella Sahlin
Fanny Birath
www. malibu-farm.com
www. farmerandcook.com
www. matthewkenneycuisine.com
www. juiceranch.com
www.topangafreshmarket.com
www. gjelinatakeaway.com

www. thechalkboardmag.com
www. sanysidroranch.com
www. gracias-madre.com
www. cafegratitude.com
www. moonjuiceshop.com
www. hikespeak.com
www. helloharvest.com
www. thesurfacelibrary.com
www. acneproduction.com
www. martinlof.com